Paul Janet

Les Origines du socialisme contemporain

essai

ISBN : 978-1542450935

10 9 8 7 6 5 4 3 2 1

Paul Janet

Les Origines du socialisme contemporain

essai

Table de Matières

I. LE SOCIALISME RÉVOLUTIONNAIRE.

Il n'est pas facile de démêler, dans cet ensemble confus de faits et d'idées que l'on appelle la révolution française, la part de cet élément non moins confus que l'on appelle le socialisme. Il semble, dans les idées généralement admises, que le terme de « socialisme révolutionnaire » soit une sorte de pléonasme, que ce soient-là deux mots pour une seule idée ; car on confond d'ordinaire l'esprit socialiste et l'esprit révolutionnaire. Ce n'est pourtant pas la même chose. On appelle *socialisme* toute doctrine qui professe qu'il appartient à l'état de corriger l'inégalité des richesses qui existe parmi les hommes et de rétablir légalement l'équilibre en prenant sur ceux qui ont trop pour donner à ceux qui n'ont pas assez, et cela d'une manière permanente et non dans tel ou tel cas particulier, une disette par exemple, une catastrophe publique, etc. Quant au mot *révolutionnaire*, il a été défini par la convention elle-même lorsqu'elle a déclaré, par le décret du 19 vendémiaire an II, que « le gouvernement serait révolutionnaire jusqu'à la paix. » Elle entendait par là suspension des lois, dictature de salut public, dictature populaire. On voit combien ces deux idées diffèrent l'une de l'autre. Un gouvernement régulier peut prendre des mesures qui soient socialistes, et un gouvernement révolutionnaire. des mesures qui ne le soient pas. La taxe des pauvres en Angleterre est une institution socialiste, non révolutionnaire ; la loi des suspects était une loi révolutionnaire et non socialiste.

Les termes de la question ainsi expliqués, nous croyons que les faits démontrent que le socialisme, pendant la révolution française, n'a existé qu'à l'état diffus et, comme on dirait aujourd'hui, sporadique, mais qu'il ne s'est point condensé ni concentré dans une doctrine ni dans un parti, si ce n'est sous le directoire, lors du complot de Baibeuf, que nous étudierons séparément. Ce sont donc des traces éparses, des faits individuels qu'il faut recueillir et rapprocher pour reconstituer ce que l'on peut appeler le *socialisme révolutionnaire* [1] ; car nous n'admettons, ni avec les ennemis, ni avec les amis passionnés du gouvernement de 1793, que ce gouvernement ait été socialiste dans le sens nouveau du mot. C'était une démocratie radicale, allant jusqu'à l'ochlocratie ; mais il n'a pas eu pour but ni même pour intention de toucher à l'ordre de la propriété. Les lois

Paul Janet

du maximum, les lois contre les accaparements, étaient de vieilles machines gouvernementales dont on avait souvent usé, comme l'a montré M. de Tocqueville ; mais ce n'étaient pas plus des mesures socialistes que les droits prohibitifs ou protecteurs et que les lois sur l'intérêt légal de l'argent. Il ne faut pas tout confondre.

Les faits qu'il s'agit de rassembler étant si complexes, si fugitifs, si dispersés, nous sommes obligé d'y apporter un certain ordre et de les classer dans des cadres un peu arbitraires, qui n'ont d'autre but que de présenter séparément des faits connexes très compliqués. C'est ainsi que nous distinguerons un socialisme franc-maçonnique, un socialisme anarchique, et un socialisme doctrinaire ; et ce dernier se présentera sous deux formes, l'une purement utopique, l'autre politique : celui-ci seulement se rapprochera quelque peu de la doctrine que MM. Bûchez et Louis Blanc ont prêtée aux hommes de 93 ; mais nous verrons aussi à combien peu de chose il se réduit.

I

Quelle a été la part des sociétés secrètes qui, depuis le moyen âge, s'étaient perpétuées jusqu'au xviii8 siècle, la sainte Vehme, les rose-croix, les illuminés et enfin les francs-maçons, quelle a été, dis-je, leur part dans la révolution française ? Quelques auteurs ont cru qu'elle a été très grande. L'abbé Barruel, dans ses *Mémoires secrets sur l'histoire du jacobinisme*, Mounier, dans son livre sur *l'Influence des illuminés pendant la révolution*, ont attribué en grande partie à des conspirations secrètes et depuis longtemps préparées, à une explosion des sectes antisociales, les succès de la révolution. George Sand, dans sa période socialiste, dans *Consuelo*, dans *la Comtesse de Rudolstadt*, dans *le Compagnon du tour de France*, avait embrassé cette opinion, et avait cru également à une vaste, lointaine et profonde incubation du socialisme qui aurait amené à un moment donné 89 et 93, et qui promettait une révolution nouvelle bien autrement profonde et mystérieuse. Rien de moins vraisemblable que ces suppositions, pour la justification desquelles on n'a jamais apporté aucun fait précis de quelque importance. Il n'était guère besoin de sociétés secrètes contre les prêtres, les nobles et les rois, lorsque les écrivains, le monde, les cours elles-mêmes déclamaient publiquement contre les abus et poussaient à

I. LE SOCIALISME RÉVOLUTIONNAIRE.

la réforme. La franc-maçonnerie en particulier paraît bien n'avoir été autre chose qu'une institution de bienfaisance non orthodoxe, une société de secours mutuels. Son rôle historique est absolument nui : on ne la trouve mêlée à aucun événement. Dans les histoires de France les plus développées, le nom des francs-maçons n'est pas prononcé une seule fois. Il est donc bien peu probable qu'elle ait exercé l'influence qu'on lui attribue. Néanmoins elle était animée sans aucun doute d'un sentiment humanitaire vague qui, sous le feu des évènements, devait prendre facilement la forme socialiste, mais d'un socialisme innocent et presque évangélique, qui mêlait d'une manière confuse l'esprit de la philosophie du XVIIIe siècle et l'esprit chrétien.

Dès les premiers temps de la révolution, la franc-maçonnerie eut donc son club, son journal et son orateur. Le club s'appelait *le Cercle social*, le journal *la Bouche de fer* ; l'orateur l'abbé Fauchet. Le journal fut fondé en janvier 1790 ; les principaux rédacteurs en étaient Bonneville et Fauchet. Le club fut inauguré, le 13 octobre 1790, dans une ancienne loge maçonnique que l'on appelait le cirque du Palais-Royal. *La Bouche de fer* est un journal des plus plats, des plus pauvrement écrits ; mais les sentiments en sont élevés et généreux : on essayait de s'y placer au-dessus des partis : « Ne soyons, disait-on (1er octobre 1790), ni royalistes, ni aristocrates, ni jacobins, ni quatre-vingt-neuvistes ; soyez *francs* comme vos pères, et vous serez libres comme eux. » Des prêtres chrétiens se mêlaient très innocemment à ces prédications humanitaires, qui avaient lieu soit au club, soit dans le journal. Un certain abbé Leclerc, curé d'Ambron, faisait allusion à une tradition mystérieuse et à une langue hiéroglyphique commune à tous les peuples. Avant MM. Jean Reynaud et Henri Martin, il parle des druides comme précurseurs de la fraternité moderne. Le journal avait une tendance à la religiosité qui le préservait des préjugés excessifs du XVIIIe siècle. Au lieu de voir dans les fondateurs de religion, comme le faisaient les encyclopédistes, des hypocrites et des ambitieux, on parlait d'eux avec respect, quoique dans un style emphatique : « La majesté, disait-on (4 oct. 90), respire dans les ruines superbes de leurs mystérieuses institutions. » L'habitude des cadres, de la discipline, de la hiérarchie maçonnique, servait de frein à l'esprit de nivellement, bien loin d'y pousser. On protestait

Paul Janet

contre la destruction de tous les ordres ; on demandait qu'il fût usé de ménagement, et on allait jusqu'à défendre l'ordre de Malte.

Le principal rédacteur du journal, et surtout le principal orateur du club, est un personnage qui s'est fait quelque nom plus tard parmi les girondins et qui est mort avec eux : l'abbé Fauchet. C'est un des personnages secondaires de la révolution, esprit médiocre et sans portée, mais non sans quelque flamme d'éloquence. Il avait plus d'imagination que de bon sens ; mais son imagination est tournée vers le grand et animée d'une véritable philanthropie. Sa vie de prêtre n'avait pas toujours été très régulière, ce qui n'était pas une grande exception de son temps, et il n'en avait pas moins été nommé abbé de Montfort et grand vicaire de Bourges. Il se lança dans les idées de la révolution avec une extrême ardeur et parut même désavouer la foi chrétienne dans un *Éloge de Franklin*, où il défendait non-seulement la tolérance, mais même l'indifférence en matière de religion. Il fut membre de la commune de Paris, mais à une époque où elle n'avait pas encore le caractère terrible qu'elle eut plus tard. Il accepta et défendit avec passion la constitution civile du clergé et fut nommé évêque constitutionnel du Calvados. Cependant, dans la convention, dont il fut membre, il se rangea du côté du parti modéré. Il se montra des plus courageux dans le procès de Louis XVI. Il refusa de se prononcer « comme juge » dans une question où, disait-il, il n'avait pas qualité. Il vota toutes les mesures dilatoires : l'appel au peuple, la détention, le sursis, et exprima énergiquement son opinion dans le *Journal des amis*. Quelques mois plus tard, ayant eu par hasard le malheur d'ouvrir à Charlotte Corday les tribunes publiques de la convention, il fut accusé de complicité avec elle et arrêté avec les vingt-deux girondins. Un témoignage de l'abbé de Lothringer, son compagnon de captivité, nous apprend qu'il se rétracta en prison : « Il se confessa, dit celui-ci, et entendit lui-même Sillery[2] en confession. » Fauchet fut condamné et exécuté avec les girondins le 31 octobre 1793.

En 1791, l'abbé Fauchet était l'un des rédacteurs de *la Bouche de fer* et le principal orateur du Cercle social. Ce fut là qu'il prononça des discours d'un caractère socialiste très accusé qui furent qualifiés de discours « en faveur de la loi agraire [3]. » Peut-être y avait-il là quelque exagération ; mais l'inspiration générale est évidemment

I. LE SOCIALISME RÉVOLUTIONNAIRE.

dans ce sens, et M. Louis Blanc, dans son *Histoire de la révolution*, a eu raison d'y voir une anticipation et un pressentiment du socialisme moderne. Seulement il néglige de faire remarquer que ces discours n'eurent presque aucun retentissement, que *la Bouche de fer* n'eut pas de succès, que le Cercle social succomba un des premiers, et enfin que Fauchet est un des personnages les plus effacés de la révolution, ce qui réduit à bien peu l'importance de ces discours. C'est donc simplement à titre de documents qu'ils doivent être signalés.

Le but du Cercle social était de former « la fédération universelle du genre humain, » la confédération universelle des amis de la vérité. C'est là que fut prononcé d'abord le mot de fraternité. Il y a sans doute quelque affinité entre cette doctrine et celle d'Anacharsis Clootz, que nous voyons eu effet en relation avec le Cercle social [4] ; mais chez le rêveur allemand la doctrine humanitaire prend ou du moins a pris plus tard un caractère révolutionnaire manifeste. Dans l'abbé Fauchet, au contraire, nous avons encore affaire à un socialisme innocent, tel que le christianisme lui-même en a si souvent suscité, tel qu'il était lui-même à son origine. Fauchet parlait au nom des sociétés maçonniques, qu'il appelait, dans un style détestable, « des sociétés vestales, qui ont conservé le feu sacré de la nature sociale. » Il comparait la maçonnerie au christianisme, et l'œuvre nouvelle à l'œuvre chrétienne : illusion qu'ont eue presque tous nos novateurs modernes. Douze hommes ont renversé les temples païens ; c'est à la maçonnerie à détruire la vieille société et à préparer la fédération humaine. Le mouvement devait partir du consistoire siégeant à Paris. Fauchet défendait la franc-maçonnerie contre les épigrammes de Voltaire, qui n'a jamais été cher aux socialistes. Celui-ci avait dit que le mystères des francs-maçons étaient « forts plats. » Il en parlait, dit Fauchet, comme un homme qui n'a jamais rien compris « aux mystères de la nature et de la divinité. » Il s'élevait contre ce qu'il appelait « le despotisme moqueur » de Voltaire, qui d'ailleurs était « un gentilhomme châtelain, homme à grand ton, aristocrate parce qu'il était fort riche. » Ce sont au contraire les mystères du matérialisme qui sont « fort plats » et qui font du genre humain « un troupeau sans âme, » et du monde « une production sans dessein [5]. »

Quelle est cette doctrine des francs-maçons dont Fauchet se fait l'interprète et le défenseur ? Elle ne se présente d'abord dans les premiers discours que sous les apparences les plus innocentes, et même comme une réaction heureuse et légitime contre les fausses idées du XVIIIe siècle sur les origines de la société. La philosophie de ce temps avait nié la sociabilité primitive et naturelle de l'homme et faisait naître la société d'une convention, d'un contrat. C'est la doctrine de Rousseau, et c'était cette doctrine qui servait de thème aux premières discussions du Cercle social et aux discours de l'abbé Fauchet. Il fit voter par le club les propositions suivantes : « L'homme est un homme aimant par nature, fait pour s'associer à ses semblables. — La législation qui contrarie ce penchant est contraire à la nature ; c'est une dissociation plutôt qu'une société. — L'état civil ne doit être que la continuation et la progression de l'état de nature. — Il n'y a pas de passage de la nature à la société. — Toutes les conventions et tous les vrais avantages de l'état civil ne font qu'élever l'homme à la hauteur de la nature. » Ce ne sont pas là de si mauvaises doctrines ; c'est la défense de la vieille définition d'Aristote : L'homme est un animal social. Mais bientôt l'orateur est entraîné sur un terrain plus glissant ; et sa philanthropie tend à se confondre avec ce que nous appelons socialisme, lorsqu'il vient à demander qu'à côté des lois en faveur de ceux qui possèdent, les législateurs veuillent bien en faire « en faveur de ceux qui n'ont rien [6]. »

Fauchet nous apprend d'ailleurs qu'il y avait alors deux sortes de francs-maçons. Les uns sont des amis sincères et sûrs de l'humanité ; ils n'aspirent qu'au bonheur d'une régénération universelle et tendent à ce noble but par des moyens pacifiques. Les autres sont les plus dangereux des hommes, non dans leur but, mais dans « leurs moyens. » Pour ceux-ci, « des destructions terribles, de grandes ruines » paraissent nécessaires pour élever « le temple de la concorde et de l'harmonie. » Les *illuminés* d'Allemagne, dont Weissaupt était le chef [7], paraissent être ceux auxquels Fauchet lui-même fait allusion dans ce passage. Quant à lui-même, il était évidemment au nombre des pacifiques et des modérés. Il proteste contre l'accusation de « loi agraire » qui était portée contre lui [8]. Il dit que « les lois de partage sont toujours portées à l'excès, » qu'il n'y en a jamais eu qui n'aient violé la nature et le droit ; qu'il ne faut pas tenter d'établir l'ordre social « par le bouleversement des

I. LE SOCIALISME RÉVOLUTIONNAIRE.

propriétés. » Il va jusqu'à appeler ces sortes de lois « un brigandage législatif. » En un mot, « les lois de réparation » ne peuvent s'établir qu'avec de grandes mesures et « des progressions attentives. » Malgré toutes ces réserves, Fauchet n'en indique pas moins clairement quel doit être le but des lois civiles. C'est dit-il, « d'assurer le domaine d'existence à tous les membres de la société. » Il croyait trouver dans la déclaration des droits des États-Unis d'Amérique ce que nous avons appelé depuis « le droit au travail. » Son principe est « qu'il faut que tout le monde vive, que tous aient quelque chose, sans que personne ait rien de trop : » maxime empruntée à Jean-Jacques et dont Babeuf fit plus tard la base de sa doctrine. Pour arrivera l'exécution d'un plan aussi vague, Fauchet indiquait non moins vaguement comme moyens les lois de succession et de mariage, et se croyant suffisamment justifié contre les accusations de loi agraire par les précautions précédentes : « Voilà, disait-il, comme je suis un incendiaire ! voilà comme je menace la propriété ! » Mais en même temps il ajoutait ces paroles fort peu pacifiques : « Quel est le scélérat qui voudrait voir continuer un régime infernal, où l'on compte par millions les misérables et par douzaines les insolents qui n'ont rien fait pour avoir tout [9] ? » Ainsi se combattaient, dans cette imagination désordonnée, les vagues et violentes revendications avec la modération d'une âme douce et généreuse.

Le socialisme, dans l'abbé Fauchet, peut encore s'appeler un socialisme chrétien. Cependant le caractère panthéistique commence à paraître dans l'un de ses discours (t. VII, Discours). On trouve aussi çà et là dans *la Bouche de fer* des traces informes de panthéisme [10]. Cependant, le vrai représentant du socialisme panthéistique et cosmopolite est le célèbre Anacharsis Clootz, « l'apôtre du genre humain. » Clootz se rattache à *la Bouche de fer*, avec laquelle il eut quelques communications. Les deux traits principaux des doctrines d'Anacharsis Clootz sont : le panthéisme et le cosmopolitisme [11]. C'est un panthéisme humanitaire, semblable à celui dont on a vu tant d'exemples dans notre siècle : « Ma secte, disait-il, n'est autre chose que le genre humain… Le peuple est le souverain du monde. *Il est Dieu.* » Quant à l'univers, il est parfait et éternel : « Nous ne mourrons jamais ; nous transmigrerons toujours… Cette doctrine est un peu plus gaie que celle du père

Satan. » Au fond, ce panthéisme n'est qu'athéisme : « En ajoutant un incompréhensible *theos* à un incompréhensible *cosmos*, vous doublez la difficulté. » Le vrai fond de la théorie de Clootz, c'est le cosmopolitisme révolutionnaire : il est le fondateur de l'internationalisme moderne, le grand précurseur de la commune. Paris devait être, selon lui, l'instrument de la révolution universelle : « Le point d'appui qu'Archimède cherchait pour enlever la terre, vous, mes frères, vous le trouverez en France pour renverser les trônes. Paris est une assemblée nationale par la force des choses. C'est le *Vatican de la raison*. » On voit que la doctrine de Clootz, très vague d'ailleurs au sujet de la propriété, appartiendrait plutôt déjà au socialisme démagogique et anarchique ; mais elle se rattache à la franc-maçonnerie et à l'illuminisme allemand par le sentiment humanitaire, et elle nous montre la transformation du socialisme demi-chrétien de l'abbé Fauchet en socialisme panthéiste et athée.

II

Nous désignerons sous le nom assez vague de socialisme anarchique un ensemble confus d'attaques plus ou moins violentes, sans doctrine, et inspirées uniquement par la passion et par la haine, non pas précisément contre la propriété, mais contre la richesse, et qui se réduisent toujours à la vieille et éternelle querelle du riche et du pauvre. Rien de plus monotone ; les noms seuls et les circonstances varient, et c'est le nombre de ces documents qui en fait l'importance.

Dès le commencement de la révolution, on voit paraître des pamphlets et des écrits divers d'un caractère menaçant [12]. Dans les *Quatre Cris d'un patriote*, on demande à quoi peut servir une constitution « pour un peuple de squelettes ; » on demande que l'on force le riche à employer les bras de ses concitoyens que le luxe dévore ; on menace « d'une insurrection terrible et peu éloignée de vingt millions d'indigents sans propriétés. » D'autres pamphlets, par leurs titres seuls, indiquent assez l'esprit qui les anime : *le Cahier du quatrième ordre* ; *le Cahier des pauvres*. Dans ce dernier écrit, on demandait que les salaires ne fussent plus calculés d'après les maximes meurtrières d'un luxe effréné ou d'une cupidité insatiable ; que la conservation de l'homme laborieux ne fût pas pour la constitution un objet moins sacré que la propriété du riche ; — qu'aucun homme laborieux et utile ne pût être incertain de sa subsistance dans toute l'étendue du territoire. On cite encore un *Catéchisme du genre humain*, dénoncé par l'évêque de Clermont au comité des recherches. Il y était dit que « le mariage était la propriété de la femme par l'homme, propriété aussi injuste que celle des terres ; » et l'on y demandait le partage des biens et la communauté des femmes [13].

Parmi les pamphlets de ce genre [14], il en est un curieux et assez piquant intitulé : *Je perds mon état, faites-moi vivre.* Ce pamphlet contient en apparence la pure doctrine du communisme. Mais nous nous demandons si le vrai sens en est le sens apparent que nous venons d'indiquer, ou s'il n'y faudrait pas voir plutôt un pamphlet royaliste, protestant par une démonstration par l'absurde, et d'une manière ironique, contre les destructions de l'assemblée constituante : « Faites un partage des terres, y est-il dit ; vous m'enlevez ce qui me tenait lieu de propriété ; donnez-moi de la terre. » N'était-ce pas comme si l'on eût dit : Toute atteinte à la propriété va droit au communisme ? « Au lieu d'une terre, j'ai acheté une charge ; la belle raison pour être ruiné ! Je pouvais faire des fagots ; j'ai appris la bijouterie ; donc je dois mourir de faim ! » N'était-ce pas dire qu'en frappant le luxe on frappait la propriété de ceux qui en vivent ? C'est là plutôt, à notre avis, une protestation contre les ruines faites par la révolution qu'un appel au socialisme. C'est ce qui se voit encore dans le dilemme suivant : « Tout est-il à votre disposition, donnez de quoi vivre à tout le monde. Si vous ne pouvez pas disposer de tout, pourquoi de ma chose plutôt que de celle de mon voisin ? Je gagnais avec le duc, le marquis et le baron. C'était là ma fortune. Vous dites que la propriété est inviolable. Pourquoi prenez-vous les biens du clergé ? Laissez-moi mon état ; c'est aussi ma propriété ! » Une fois que la propriété été atteinte dans quelques-uns, elle est menacée chez tous : « Transportez-vous à Sparte ; faites des lots et renouvelez-les tous les ans [15]. Nous sommes frères par la nature ; nous devons l'être par la fortune. » Cette conclusion, communiste en apparence, n'est donc pas, selon nous, la vraie conclusion de l'auteur. Ce n'est qu'une réfutation indirecte des décrets de l'assemblée nationale contre les droits féodaux, les dîmes, la vénalité des charges et les biens du clergé.

Paul Janet

Parmi les représentants les plus notoires d'un socialisme sauvage, sans principes et sans idées, il est assez naturel de rencontrer Marat, l'ami du peuple. La question sociale n'est pas difficile pour lui : « Ou il faut étouffer les ouvriers, disait-il, ou il faut les nourrir. — Mais à quoi voulez-vous les employer ? — Employez-les comme vous voudrez. — Avec quoi les paiera-t-on ? — Avec les appointements de M. Bailly. » (*Ami du peuple*, 28 mars 1790.) On connaît cette célèbre invitation au pillage, qui fut l'occasion de son arrestation à la convention : « Quand les lâches mandataires du peuple encouragent au crime par l'impunité, on ne doit pas trouver étrange que le peuple se fasse lui-même justice... Le pillage de quelques magasins à la porte desquels on pendrait les accapareurs mettrait fin à leurs malversations. » (25 février 1793.) — Un boulanger avait été pillé et massacré par le peuple. Marat avouait qu'il ne fallait pas applaudir à cette exécution « barbare ; » mais il ajoutait : a C'est un mal pour un bien... le lendemain de sa mort, on avait aisément du pain, grâce à la peur qui a saisi ses chers confrères. » Ce n'est pas que Marat n'eût quelquefois d'assez bonnes idées. Ce qu'il dit par exemple sur le cours forcé des assignats (17 avril 1790) s'est trouvé parfaitement vérifié : « Ou l'on aura confiance, ou l'on n'aura pas confiance, disait-il ; si l'on a confiance, il est inutile de les forcer ; si l'on n'y a pas de confiance, ils tomberont dans un discrédit funeste. *Ce sera le système de Law ressuscité.* » Son esprit confus et mal équilibré le fait quelquefois prendre parti pour les mesures réactionnaires. Il est contre la vente des biens du clergé, et, comme le côté droit, il défend le droit des pauvres. Il est contre l'abolition des maîtrises et des jurandes, et demande des preuves de capacité : « Dans vingt ans, dit-il, on ne trouvera pas à Paris un ouvrier qui sache faire un chapeau ou une paire de souliers. » (17 mars 1791.) Il va jusqu'à dire que « les ouvriers sans talents ne doivent jamais devenir maîtres. » D'un autre côté, il ne tarit pas en divagations déclamatoires contre les n sangsues du peuple » et les fripons qui « s'engraissent de ses sueurs et qui boivent son sang dans des coupes d'or. » — « Dieu des armées, s'écrie-t-il dans un mouvement d'éloquence sauvage, si jamais je désirais un instant me saisir de ton glaive, ce serait pour *rétablir les saintes lois de la nature.* »

Faut-il maintenant compter parmi les socialistes Chaumette

I. LE SOCIALISME RÉVOLUTIONNAIRE.

pour avoir demandé que l'on plantât tous les jardins de Paris en pommes de terre et qu'on interdît la fabrication des pâtés parce que le peuple manquait de pain ? Devons-nous appeler socialiste la proposition qui fut faite à la convention d'un « carême révolutionnaire, » proposition appuyée par le boucher Legendre pour des raisons professionnelles, et qui demandait qu'on protégeât la viande de boucherie comme on protège le gibier, dans l'intérêt de la reproduction : « On mange, disait-il avec indignation, le père, la mère et l'enfant ! » ou encore la proposition d'un abonné dans le journal de Brissot, *le Patriote*, qui demande l'abolition des successions collatérales et l'exemption d'impôts sur le strict nécessaire [16] ; celle de Lequinio (*Richesse de la république*, 1792), qui demande que « les marais desséchés soient divisés entre les travailleurs ; » celle de La Vicomterie (*la République sans impôts*), qui demande la suppression de l'impôt forcé, les fonctions du gouvernement devant s'accomplir par des associations libres ? Ce sont là des rêves assez innocents. Mais on ne méconnaîtra pas les caractères du socialisme anarchique dans ces paroles de Chaumette : « Nous avons détruit les nobles et les capets ; il nous reste encore une aristocratie à renverser, celle des riches ; » ou dans ces paroles du Lyonnais Chalier, dont l'imagination exaltée et extravagante avait séduit Michelet [17] : « Riches insouciants qui ronflez sur l'oint réveillez-vous, secouez vos pavots ; la trompette sonne ! Aux armes ! Vous vous frottez les yeux, vous bâillez. Il vous en coûte de quitter cette couche parfumée, cet oreiller de roses ? — Est-ce un crime de goûter des plaisirs légitimes ? — Oui, tout plaisir est criminel quand les sans-culottes souffrent. » Tallien, également, le héros de thermidor, eut aussi son moment de socialisme. Il voulait « l'égalité pleine et entière ; » il proposait « d'ameuter la misère contre le superflu dangereux de l'opulence ; » enfin il demandait qu'on envoyât au fond des cachots les propriétaires, qu'il appelait les *voleurs publics*, « afin que le peuple pût jouir de l'aisance qu'il avait méritée par son énergie et par ses vertus [18]. » Dans *les Révolutions de Paris* (n° 81, 82), Loustalot tenait un langage semblable : « Ce sont les pauvres qui ont fait la révolution ; mais ils ne l'ont pas faite à leur profit ; » et il annonçait avant dix ans « une révolution qui aurait pour objet les lois agraires. » Un autre révolutionnaire, Prudhomme (*Révolutions de Paris*, septembre

Paul Janet

1792), détournait les pauvres du pillage en disant que le moment n'était pas encore venu : « Et vous, honorables indigents, disait-il, apprenez que la saison n'est pas venue de frapper l'aristocratie des riches. Un jour viendra, et il n'est pas loin, ce sera le lendemain de nos guerres ; un jour, le niveau de la loi réglera le niveau des fortunes. » Enfin l'hébertisme, condamné pour cause d'athéisme et de démagogie, n'était pas exempt de tendance au communisme, comme on le voit par cet article de la Déclaration des droits, opposée à celle de Robespierre et portée au club des jacobins : « Les sans-culottes reconnaissent que tous les droits dérivent de la nature. Les droits naturels des sans-culottes consistent dans la faculté de se reproduire, de s'habiller et de se nourrir et dans la jouissance et *l'usufruit* des biens de la terre, notre mère commune [19]. » Dans certains écrits, on voit attaquer le droit à l'oisiveté : « Je pose en principe, dit un membre fort inconnu de la convention nationale, Fr. Dupont, que nul individu dans la république ne doit exister sans travailler. » Le même demandait que « l'oisiveté et l'ignorance fussent déclares des délits » et que tout citoyen fût tenu « d'exercer un art ou une profession. » Dans un journal qui ne passe pas pour trop révolutionnaire, *l'Ami des lois*, on rencontre la doctrine si chère aux socialistes les plus récents, à savoir que chacun doit être copropriétaire de son produit : « Pourquoi celui qui travaille le fer avec lequel le laboureur ouvre le sein de la terre, celui qui bâtit la maison qu'il habite, celui qui file et tisse la toile et le drap dont il se couvre, n'aurait-il pas droit aux fruits du champ qu'il cultive ? Ne deviennent-ils pas copropriétaires de ce champ par l'avance qu'ils lui font des travaux dont il ne peut se passer ? » Et le même article concluait que « la propriété n'est qu'une règle d'ordre et de convenance. »

Les deux documents de ce temps les plus étendus qui témoignent d'un socialisme quelque peu systématique, quoique encore des plus grossiers sont, d'une part le discours d'Armand (de la Meuse) au club des jacobins, et de l'autre une *Instruction* contresignée par Fouché et Collot d'Herbois après la prise de Lyon et adressée à tous les comités révolutionnaires [20]. Le discours d'Armand (de la Meuse) pose avec une certaine précision le problème social ; il anticipe sur Babeuf et sur les socialistes modernes. Il ne suffit plus de faire la révolution dans les esprits ; il faut la faire « dans

I. LE SOCIALISME RÉVOLUTIONNAIRE.

les choses. » — « Libre aux beaux esprits de s'enivrer de liberté et d'égalité. » Il ne s'agit plus d'égalité devant la loi : c'est là « une séduction politique ; » c'est « une égalité mentale » dont le pauvre jouissait tout aussi bien dans l'état de nature. Mieux valait pour lui y rester, disputant sa subsistance dans les forêts ou au bord de la mer [21]. L'orateur laissait en suspens la question de savoir si, en droit naturel, il peut y avoir des propriétaires, et si tous les hommes n'ont pas un droit égal à la terre et à ses productions. Mais, sans résoudre cette question (et l'on voit bien qu'au fond elle est résolue), il reproche aux assemblées républicaines de n'avoir pas marqué les limites du « droit de propriété. » Ce n'était là cependant qu'un discours sans action pratique. Il n'en est pas de même des principes émis ou autorisés par le célèbre Fouché, futur duc d'Otrante, qui, à deux reprises, à Anvers et à Lyon, a ouvert la voie à ce que l'on a appelé depuis la révolution sociale. Voici, par exemple, l'arrêté pris à Anvers, quand il y était à titre de proconsul (2 septembre an II) : « Considérant, disait-il, que l'égalité ne doit pas être une illusion trompeuse, que tous les citoyens doivent avoir un droit égal aux avantages de la société, — arrête : Tous les citoyens inférieurs, les vieillards, les orphelins indigents seront logés, vêtus et nourris aux dépens des riches ; les signes de la misère seront anéantis ; la mendicité et l'oisiveté seront proscrites ; il sera fourni du travail aux citoyens valides. » Cependant, ceux qui cherchent les choses au-dessous du mot verront facilement que, dans cet arrêté, les considérations les plus révolutionnaires ne servent après tout qu'à colorer des mesures très simples et très ordinaires, semblables à celles que prennent tous les gouvernements dans les temps de misère, ou dans un intérêt d'ordre public. Ce sont des mesures d'assistance publique, des mesures contre la mendicité, car à quoi reconnaîtra-t-on l'oisiveté ? Enfin des promesses vagues de travail. Les principes de l'arrêté appartiennent bien à l'école du socialisme, mais d'un socialisme encore assez vague et passablement innocent. Il n'en est pas de même de l'*Instruction sur Lyon* [22], c'est l'expression du socialisme le plus sauvage et le plus haineux. L'antithèse banale et déclamatoire du pauvre et du riche est développée avec complaisance et diffusion : « Ils ont vu, disent-ils, que celui dont les mains robustes donnaient du pain à leurs concitoyens souvent en manquait lui-même, et l'arrosait de ses larmes plus que de ses

Paul Janet

sueurs… Ils ont vu dans les maisons de la richesse, de l'oisiveté et du vice tous les raffinements d'un luxe barbare ; ils ont vu prodiguer l'or aux sangsues du peuple, à des scélérats couverts d'opprobre et engraissés de la substance des malheureux. » S'adressant aux riches, on leur disait : « Vous avez osé sourire avec mépris à la dénomination de sans-culotte ; vous avez eu du superflu à côté de vos frères qui mouraient de faim. » Suivant les auteurs de la circulaire, le moment était venu de faire un nouveau pas dans la révolution, un nouveau changement, « une révolution *totale.* » En conséquence, on établissait une taxe sur les riches. Il ne s'agissait plus « d'exactitude mathématique, » ni de scrupule timoré. — « Agissez en grand ; en effet, tout superflu est une violation du droit du peuple. » Quel est ce superflu ? Ce sont : « des amas ridicules de draps, de chemises, de serviettes, de souliers. De quel droit garderait-on dans son armoire ces vêtements superflus ? » Ce ne sont pas seulement ces objets utiles, mais surabondants, qu'il faut requérir ; ce sont encore « ces métaux vils et corrupteurs que dédaigne le républicain ; » en conséquence, « ils doivent s'écouler dans le trésor national. »

Parmi les personnages importants de la révolution, il y en avait un qui, bien avant 1789, avait écrit un livre contre la propriété, et qui depuis, revenu à des idées plus sages, fut assez embarrassé de se défendre contre ceux qui le lui reprochaient. C'est encore là un épisode curieux de l'histoire de la propriété pendant la révolution.

C'est en 1778 ou 1780 que Brissot de Warville avait publié le livre intitulé : *Recherches philosophiques sur la propriété et sur le vol.* Cet ouvrage, écrit sans aucun talent, comme tous ceux de Brissot [23], n'a d'autre mérite que l'ardeur brutale des principes et l'intempérance sans limites des conclusions. Veut-on savoir ce que c'est que la propriété ? le voici : « Tous les corps vivans ont le droit de se détruire les uns les autres : voilà ce qu'on appelle propriété. C'est la faculté de détruire un autre corps pour se conserver soi-même. » Quel est le titre de ce droit ? « C'est le besoin. » Ainsi entendue, la propriété est une loi universelle de la nature. Non-seulement les hommes, mais les animaux et les végétaux eux-mêmes sont propriétaires. Pour soutenir ce paradoxe, Brissot entre dans la métaphysique et se croit obligé de défendre la thèse de la sensibilité végétale. La propriété étant fondée sur le besoin, elle s'étend aussi loin que le

I. LE SOCIALISME RÉVOLUTIONNAIRE.

besoin lui-même, et par conséquent elle s'étend à tout ; et le droit est réciproque : « L'homme a droit sur le bœuf, le bœuf sur l'herbe et l'herbe sur l'homme. C'est un combat de propriétés. » De là une question incidente : L'homme a-t-il le droit de se nourrir des végétaux ? A-t-il le droit de se nourrir d'animaux ? Enfin Brissot va jusqu'à poser cette question : L'homme a-t-il le droit de se nourrir de chair humaine ? Le droit à l'anthropophagie est sinon énoncé, au moins indiqué comme la conclusion de cette affreuse discussion. Bref, le droit de propriété est universel, non exclusif. C'est là « la vraie propriété, la propriété sacrée. » La possession ne fonde aucun droit. « Si le possesseur n'a aucun besoin et si j'en ai, voilà mon titre qui détruit la possession. » S'il y a besoin de part et d'autre, « c'est une affaire de statique ; » en d'autres termes, c'est le droit du plus fort. Ce droit primitif est universel et inaliénable. Car ou celui qui l'aliénerait aurait des besoins, ou il n'en aurait pas. S'il en a, il viole la loi de la nature en vendant son droit : s'il n'en a pas, que peut-il vendre n'ayant pas de besoins ? Rien ; car il n'est maître de rien. S'il en est ainsi, nul n'a jamais eu le droit de s'approprier quoi que ce soit à l'exclusion des autres. De là un renversement de toutes les idées reçues sur le vol et la propriété. Dans l'état naturel, « le voleur, c'est le riche. *La propriété exclusive est un vol.* » Au contraire, dans la ; société, on appelle voleur celui qui dérobe le riche : « Quel bouleversement d'idées ! » On voit par ces textes que le célèbre axiome de Proudhon ne lui appartient pas [24]. L'a-t-il emprunté à Brissot, en vertu du droit naturel que chacun a droit à tout, ou l'a-t-il trouvé une seconde fois ? Nous ne pouvons répondre à cette question. Mais la priorité de Brissot est incontestable. Il semble hésiter un instant devant les conséquences possibles des principes précédents : « Ce n'est pas, dit-il, qu'il faille autoriser le vol ; mais ne punissons pas si cruellement les voleurs. » Soit ; mais ce n'est là qu'une réserve passagère, et dont aussitôt la conséquence vraie, inévitable, éclate sans aucune restriction : si l'homme conserve (comme on l'a vu), le privilège ineffaçable de la propriété, ceux qui en sont privés sont les maîtres d'exiger des autres propriétaires de quoi remplir leurs besoins ; « Ils ont droit sur ces richesses ; , ils sont maîtres d'en disposer en proportion de ces besoins. » La force qui s'oppose à leur droit n'est que « violence. » On voit qu'il ne s'agit plus même ici d'une réforme légale de la propriété : car toute

Paul Janet

réforme, fût-elle communiste, porterait atteinte au droit primitif et inaliénable de chacun. Il ne s'agit plus ici que du droit au vol. C'est le dernier degré de la sauvagerie et de l'anarchie.

On comprend, après la lecture de ces textes, combien Brissot, devenu sous la convention un personnage important et l'un des chefs du parti modéré (il avait voté contre la mort du roi), combien, dis-je, il dut être embarrassé, et combien le souvenir de cet écrit insensé dut lui être à charge. Ses adversaires royalistes ne lui épargnaient point ce souvenir. Il fut attaqué dans le *Journal de Paris* (le journal d'André Chénier, de de Pange, de Roucher), le 6 mai 1792 [25]. Il n'était pas difficile de faire voir ce que de telles doctrines avaient de subversif et de périlleux dans les circonstances d'alors. Brissot essaya de se justifier, mais, il faut l'avouer, par d'assez mauvaises raisons. Il se plaint qu'on ait appliqué à l'état social ce qu'il avait dit de l'état de nature ; — que l'on ait supprimé les passages où il condamnait le vol ; — qu'on lui impute un pamphlet inconnu et oublié, paru en 1778, pour en conclure qu'il veut bouleverser la société en 1792 ; — qu'on ait choisi pour réveiller le souvenir de ce pamphlet le moment où l'on ne cesse d'alarmer les Français sur le respect des propriétés. L'abbé Morellet répliqua d'une manière victorieuse : La distinction de l'état de nature et de L'état social ne signifie rien, puisque l'auteur déclare que le droit primitif est inaliénable, que la renonciation en serait nulle, que nul ne serait tenu de l'observer : — l'inconséquence et l'incohérence dont l'auteur se targue pour se défendre ne sont que des extravagances de plus ; — M. Brissot avait déjà trente-quatre ou trente-six ans en 1778 ou 1780 [26] ; ce livre n'est donc pas un ouvrage de jeunesse. — enfin, on ne pouvait choisir une époque plus opportune que celle de l'anarchie sociale où était la France pour signaler les doctrines de ceux qui tiennent le timon.

Les faits précédents suffisent à faire la part du socialisme anarchique et démagogique pendant la révolution. Beaucoup d'autres documents analogues pourraient être recueillis, mais deviendraient insipides par la répétition monotone des mêmes idées. Passons maintenant à ce qu'on pourrait appeler le socialisme officiel et gouvernemental, ou plutôt cherchons s'il y en a eu un.

I. LE SOCIALISME RÉVOLUTIONNAIRE.

III

Nous appelons du nom de socialisme officiel ou doctrinaire celui qui a pu avoir sa part dans le gouvernement révolutionnaire et qui s'est présenté sous l'apparence d'une doctrine. On s'en est beaucoup exagéré l'importance. MM. Bûchez et Louis Blanc ont cru à une convention communiste et socialiste, ayant eu le pressentiment et même la volonté d'une révolution sociale, qui devait modifier profondément les bases de la propriété. M. Edgar Quinet a vivement réfuté cette théorie dans son livre sur la révolution. L'examen des faits doit nous apprendre qui a raison dans ce débat. Nous considérerons surtout la doctrine de ceux qui ont eu la plus grande part dans le gouvernement de cette époque : Saint-Just, Barère et Robespierre, et de quelques autres conventionnels influents.

De ces différents personnages, Saint-Just est celui qui s'est le plus approché de ce que nous appelons socialisme ou communisme. Mais il faut distinguer dans Saint-Just deux formes de socialisme : l'un utopiste et purement littéraire, exposé dans son écrit sur *les Institutions républicaines*, l'autre pratique et plus ou moins explicite, qui ressort de ses discours à la convention.

Les Institutions républicaines de Saint-Just sont une utopie sans aucune originalité qui vient s'ajouter à toutes celles du même genre : *la République* de Platon, l'*Utopie* de Thomas Morus ; *la Cité du soleil* de Campanella, la république de Salente de Fénelon, *le Code de la nature* de Morelly. C'est une conception enfantine d'un ordre social imaginaire, plus ou moins calquée sur la fausse idée que l'on se faisait de Lacédémone, et qui n'a d'autre trait distinctif que le ridicule. C'est ainsi, par exemple, qu'il prescrit, contre la loi des climats, « que les enfants devront être vêtus de toile dans toutes les saisons. » C'est ainsi que, considérant la chair des animaux comme un luxe corrupteur, il exige que « les enfants ne vivent que de racines, de fruits, de légumes, de laitage, de pain et d'eau. » Quant aux adultes, ils ne devront manger de viande que trois jours par décade. Il méprise l'éloquence, et, comme les Lacédémoniens, il veut qu'on institue « un prix de laconisme, » prix qui devait être décerné à celui qui aurait prononcé « une parole sublime. » Il prétend qu'un peuple vertueux et libre ne peut être qu'agriculteur, « qu'un métier s'accorde mal avec le véritable citoyen. » Tout propriétaire devait rendre compte tous les ans dans les temples de l'emploi de sa fortune.

Quant à l'organisation de la propriété elle-même, il supprime les successions collatérales et le droit de tester ; et il allait jusqu'à la loi agraire : « L'opulence est une infamie. Il ne faut ni riches ni pauvres. » Il faut « donner des terres à tout le monde » et détruire la mendicité par la distribution des biens nationaux. Le domaine public n'était établi que pour « réparer l'infortune des membres du corps social. » Il étendait tellement le nombre des indemnités que ce nombre finissait par comprendre presque tout le monde : par exemple, les soldats mutilés, ceux qui ont nourri leur père et leur mère, ceux qui ont adopté des enfants, ceux qui ont plus de quatre enfants, les vieux époux, les grands hommes et ceux qui se sont sacrifiés pour l'amitié.

Toutes ces conceptions puériles appartiennent, il est vrai, à la pure théorie ; mais il est certain que Saint-Just aurait essayé, s'il eût vécu et gouverné pour longtemps, d'en faire passer le plus possible dans la pratique. C'est lui qui, dans ses discours de ventôse, exprimait et résumait cette maxime, reprise depuis et invoquée par Babeuf : « Le bonheur est une idée neuve. » De quel bonheur s'agissait-il ? « Ce n'est pas celui de Persépolis ; c'est celui de Sparte et d'Athènes ; » c'est « la volupté d'une cabane. » Dans le même discours, il inaugurait contre les oisifs les accusations reprises plus tard par le saint-simonisme : « Obligez, disait-il, tout le monde à faire quelque chose. Quel droit ont dans la patrie ceux qui n'y font rien ? » Il demandait expressément sinon le partage des terres, au moins la confiscation des uns au profit des autres : « Les propriétés des patriotes sont sacrées, disait-il ; mais les biens des conspirateurs sont là pour tous les malheureux ! » Enfin il énonçait cette maxime, qui fut encore un des articles de foi du babouvisme : « Les malheureux sont les puissants de la terre ; ils ont le droit de parler en maîtres. »

Ces maximes ne restèrent pas à l'état de pure théorie. Saint-Just les fit traduire en décrets qui furent votés à l'unanimité par la convention nationale, sans jamais avoir été exécutés [27]. On déclara, par décrets du 8 ventôse, « les propriétés des patriotes inviolables. » On mettait sous séquestre les biens des ennemis de la révolution ; on devait dresser un état des patriotes indigents. Enfin

I. LE SOCIALISME RÉVOLUTIONNAIRE.

le comité de salut public était invité à faire un rapport sur « les moyens d'indemniser les uns avec les biens des autres., » C'étaient là des mesures plus révolutionnaires que théoriquement socialistes. La confiscation était une loi sociale qui avait toujours été reconnue dans tous les temps, et le gouvernement, royal ne s'était pas fait scrupule de récompenser souvent les uns avec les biens des autres. Tout cela était brutal et violent, mais sans effet pratique : car l'état était trop pauvre et avait trop de besoins, pour donner des terres pour rien. Il se contentait de les vendre à bas prix, parce qu'il ne pouvait les vendre cher faute de sécurité ; c'est ainsi qu'une nouvelle classe de propriétaires fut créée ; mais, en définitive, ce ne furent pas les indigents qui profitèrent de cette aubaine ; ce furent ceux qui, ayant déjà quelques économies, osèrent acheter des terres, en courant le risque de la restitution et du châtiment.

Ce fut un autre membre du comité de salut public, ce fut Barère qui fut chargé de surveiller l'application des décrets de ventôse. Il nous apprend (22 floréal an II) que ces décrets avaient été pris très peu au sérieux ; qu'un grand nombre de municipalités étaient en retard ; que les autres avaient envoyé des états irréguliers. Les indigents eux-mêmes, bien loin de croire qu'il s'agissait de les enrichir, s'imaginaient qu'on levait ces états pour les envoyer dans la Vendée. Bref, ce rapport de Barère sur l'assistance publique se réduit à indiquer quelques moyens pour interdire la mendicité. Le seul procédé qui dépassât cette mesure, c'était la proposition « d'une répartition ou *adjudication* (il ne s'agit plus de don gratuit), à titre de récompense ou de vente à long terme. » On voit que tout devait aboutir à des ventes de biens nationaux.

Cependant il s'est présenté à la convention deux questions où elle s'est avancée d'un peu plus près sur le terrain du socialisme. C'est, d'une part, la question des subsistances et des accaparements, de l'autre, la question du maximum [28]. Il était inévitable que, dans ces deux discussions, des maximes socialistes fussent prononcées, et les résolutions prises avaient elles-mêmes quelque chose de socialiste. Cependant, même dans ces deux cas, il ne faut rien exagérer. Dans la question des subsistances, le débat était entre la liberté du commerce des blés et les restrictions de ce commerce par l'autorité. Le député Fayo disait que « les pourvoyeurs du peuple français devaient être non les négociants en blés, mais les administrateurs, les législateurs. » Il demandait « de briser les serrures, ou plutôt d'ouvrir les portes » des accapareurs. C'était, disait-on, violer le droit de propriété. « Mais est-il un citoyen qui ait quelque chose à lui quand ses frères meurent de faim ? » Il répétait, après les pères de l'église, que « les riches sont les économes des pauvres ; » il citait l'exemple des armées affamées en pays ennemi. Devraient-elles respecter « cette prétendue liberté de la propriété ? » Robespierre parle dans le même sens. Il dit que « le blé n'est pas une marchandise ordinaire. » Il y a une différence entre le commerce du blé et celui de l'indigo. Toujours même antithèse entre celui qui entasse des monceaux de blé et son semblable qui meurt de faim. Il déclarait que « le premier des droits est celui d'exister. » Enfin, tout en accordant, disait-il, aux riches « un profit honnête, » il ne voulait leur enlever que le droit « d'attenter à la propriété d'autrui. » Ces doctrines étaient combattues. Un autre membre de la convention, Lequinio, essaya de défendre des idées plus saines. Il fit remarquer que c'étaient précisément l'agitation, les menaces contre les fermiers, les mesures violentes qui empêchaient le blé de circuler : « Appelez-vous accaparement la réserve des blés ? J'avoue que l'accaparement existe. Mais qui le produit ? C'est la frayeur. » Il signalait ce fait remarquable que les cris de disette ne venaient pas des départements où le blé manquait, mais de ceux, au contraire, où il était en abondance, parce que là où il manque, on ne parlait pas d'accapareurs. A force d'agitations, on avait fini par étouffer le commerce des grains et stériliser le sol de la république. Le moyen d'empêcher l'accaparement, c'est de favoriser le commerce. Saint-Just vint à son tour se mêler à la discussion. Il y prononça, suivant son usage, un discours incohérent, saccadé, vague et mystérieux, sous forme d'oracles sibyllins, sans aucun sens pratique et même sans aucun rapport avec le sujet. « Tout le monde, dit-il, veut de la république ; mais personne ne veut de la pauvreté et de la vertu. La liberté fait la guerre à la morale et veut régner en dépit d'elle. Il faut que le législateur fasse en sorte que le laboureur ne répugne pas à amasser du papier. Il faut équipoller les signes, les produits et les besoins. Il faut une constitution : on ne peut faire de lois particulières contre les abus ; l'abondance est le résultat de toutes les lois. » Au milieu de ces déclamations vagues, il glissait cependant un bon conseil : « Le vice de notre économie étant l'excès du signe,

I. LE SOCIALISME RÉVOLUTIONNAIRE.

il faut créer le moins de monnaie possible. » Puis il terminait par son *Delenda Carthago* : « Les abus vivront tant que le roi vivra. »

La convention se déclara contre les accaparements, c'est-à-dire contre la liberté des grains : c'était une erreur économique. Mais il faut reconnaître qu'elle pouvait invoquer en sa faveur de grandes autorités qui n'étaient pas suspectes d'anarchie. Les principes de la convention en cette circonstance n'étaient autres que les principes mêmes établis par Necker dans son livre sur la *Législation et le commerce des grains*. Ces principes étaient tout aussi bien ceux du protectionnisme que du socialisme, deux doctrines si voisines l'une de l'autre. Necker avait écrit son livre contre Turgot à l'époque où celui-ci voulait supprimer en France les douanes intérieures. Il soutenait que le blé était un produit d'une nature particulière qui échappait par son essence même aux lois ordinaires de l'échange. Il mettait en opposition les trois intérêts du propriétaire, du marchand et du peuple. Le propriétaire ne voit dans le blé que le fruit de ses soins ; le marchand n'y voit qu'une marchandise ; le peuple un élément nécessaire à la consommation ; le seigneur invoque la propriété, le marchand la liberté, le peuple l'humanité. La discussion entraînait Necker jusqu'à sonder l'origine du droit de propriété, et il disait comme Rousseau : « Votre titre de possession est-il écrit dans le code ? Avez-vous apporté votre terre d'une planète voisine ? Non, vous jouissez par l'effet d'une convention. » Si l'on assujettit le propriétaire à une certaine restriction, ce n'est pas là une violation du droit de propriété ; c'en est la condition. La propriété héréditaire est « une loi des hommes ; » c'est « un privilège ; » un abus de la liberté qui peut aller jusqu'à permettre que la force opprime le faible : or a le fort dans la société, c'est le propriétaire ; le faible, c'est l'homme nu sans propriété. » Il affirmait que « les lois prohibitives sont la sauvegarde des pauvres contre le riche. » Necker résumait le conflit du capital et du travail en termes énergiques qui nous scandaliseraient aujourd'hui : « Combat obscur et terrible, disait-il, où le fort opprime le faible, à l'abri des lois, où la propriété accable le travail du poids de sa prérogative. » Et en quoi consistait, suivant lui, cette oppression ? « Dans le pouvoir qu'ont les propriétaires de ne donner en échange du travail que le plus petit salaire possible. Les uns donnent toujours la loi ; les autres seront toujours contraints de la recevoir. » Il terminait,

Paul Janet

proclamant le droit à la subsistance : « Quoi ! le souverain pourrait contraindre le peuple à exposer sa vie pour la défense de l'état, et il ne veillerait pas à sa subsistance ! Il ne modérerait pas l'abus de la propriété envers l'indigent ! » On le voit, il est impossible de méconnaître dans cet ouvrage de Necker le caractère d'un socialisme inconscient [29], sous forme, de protectionnisme. Après tout, théorie à part, ces maximes restrictives avaient toujours plus ou moins régi, dans la pratique, le commerce des blés. C'était la liberté qui était nouvelle et révolutionnaire ; c'est la tradition qui était restrictive : la convention, en adoptant des mesures de ce genre avec une violence qui était dans son tempérament, ne faisait donc que suivre les errements du passé, bien loin d'ouvrir la voie à une société nouvelle. On ne saurait trop dire que le vrai principe de la révolution a été la liberté de la propriété [30]. Tout ce qui a été fait contre ce principe est un legs du préjugé : ce n'est nullement le pressentiment d'un ordre nouveau.

Il est de même des lois sur le *maximum*, auxquelles M. Louis Blanc attribue une grande portée et où il voit « une base scientifique aux relations commerciales, » qui devait soustraire la vie du pauvre « au despotisme du hasard. » Le *maximum*, s'il avait pu durer, aurait conduit, suivant lui, à une vaste révolution sociale. Cela est fort douteux ; car la question est de savoir si le maximum pouvait durer. On sait d'ailleurs que l'origine du maximum n'a pas été l'intention de faire une révolution sociale, mais le besoin tout pratique de soutenir le cours des assignats : car à quoi pouvait servir le cours forcé si les prix restaient libres ? Et comment pouvait-on fixer le prix d'une denrée, sans fixer en même temps celui de toutes les autres ? De là un système de plus en plus compliqué qui devait nécessairement succomber sous ses propres excès. Aussi Barère pouvait-il dire que la « loi du maximum avait été un piège tendu à la convention, un présent de Londres, d'une origine contre-révolutionnaire. » M. Louis Blanc, pour prouver la tendance socialiste et humanitaire de la convention, cite tout ce qu'elle a fait pour les faibles : l'organisation de l'institut des aveugles et de celui des sourds-muets ; l'amélioration dans le service des hôpitaux ; la restitution des petits engagements au profit des plus pauvres tributaires du mont-de-piété ; les décrets rendus en faveur des enfants, vieillards, défenseurs de la famille et de la

I. LE SOCIALISME RÉVOLUTIONNAIRE.

patrie ; l'institution des comités de santé ; la protection des enfants abandonnés ; l'adoption des orphelins par la patrie ; la maison destinée aux infirmes. Mais toutes ces mesures rentrent dans les mesures d'assistance publique, qui ont été toujours prises avec plus ou moins de zèle par tous les gouvernements. Autrement, il faudrait conclure de l'établissement des invalides et des enfants trouvés que la révolution sociale a commencé avec Louis XIV. Il en est de même des mesures d'instruction publique et d'encouragement aux sciences que le même auteur cite en faveur de sa thèse.

De tous les membres de la convention, c'est un des plus modérés, Rabaud Saint-Étienne, qui paraît avoir eu l'idée la plus nette et la plus systématique d'une révolution dans la propriété. Encore n'est-ce que dans un article de journal (*Chronique de Paris*, n° 19) [31] et non dans une proposition publique. Dans cet article, il visait l'égalité de biens, non par la force, mais par les lois. Il s'agissait d'abord de faire le partage le plus égal des fortunes, et en second lieu de créer des lois pour le maintenir et prévenir des inégalités futures. Pour ce partage, il y avait à considérer : les différentes espèces de propriétés ; les différentes espèces d'industries ; les moyens de les répartir ; l'étendue du pays ; le nombre des citoyens. Toutes ces études faites, le législateur devait régler l'usage des biens de manière à rendre le superflu nuisible, à le faire tourner à l'avantage de celui qui en manque, et enfin à le faire tourner à l'avantage de la société. On aurait aussi établi un maximum de fortune. Tous ces effets devaient être obtenus par des lois sur les héritages, les testaments, les dots et les donations. On ne peut sans doute méconnaître ici un plan de socialisme égalitaire ; mais ce n'était là qu'une vue individuelle et sans aucune conséquence. Citons enfin, pour ne rien négliger, le plan d'éducation nationale de Michel Lepelletier, qui proposait d'établir une « taxe des enfants » à l'instar de la taxe du pauvre qui existe en Angleterre.

Pour compléter et épuiser l'étude de la question posée, il nous reste à rechercher quelles ont été sur ce que nous appelons aujourd'hui la question sociale les vues de l'homme le plus important de la convention, de celui qui fut alors le vrai chef du gouvernement et qui en a la responsabilité devant l'histoire, de Robespierre. Robespierre appartient-il à la pure démocratie ou à la démocratie socialiste ? Selon MM. Buchez et Louis Blanc, le

Paul Janet

débat sanglant de la gironde et de la montagne, précédé du grand débat parlementaire sur la déclaration des droits, aurait été dans le fond un combat entre la démocratie purement politique et la démocratie sociale. Les girondins n'auraient eu pour principe que l'idée de liberté ; les montagnards avaient un idéal plus élevé dont le mot est fraternité, et c'est dans Robespierre que vient se résumer et se condenser cette doctrine. Pour s'en assurer, il suffit de comparer, suivant Louis Blanc, les deux projets de déclaration des droits, l'un de Condorcet, l'autre de Robespierre, entre lesquels la convention eut à se prononcer.

Le projet de Condorcet avait pour caractère de poser le principe de la propriété d'une manière absolue et sans y ajouter aucune restriction. Il établissait que « l'homme est maître de disposer à son gré de ses biens, de ses capitaux, de ses revenus et de son industrie. » C'est ce projet que Robespierre combattit à la convention et au club des jacobins [32], et dans ce discours, on peut en effet démêler une tendance incontestable au socialisme. Tout en déclarant que « la loi agraire est un fantôme et l'égalité des biens une chimère, » il demandait à « compléter » la théorie projetée par Condorcet. Il reprochait aux girondins de n'avoir pas compris que la propriété, comme tous les autres droits, a besoin d'être « limitée. » En conséquence, il proposait quatre articles additionnels qui furent votés aux Jacobins et que la convention renvoya au comité de constitution. Le premier définissait la propriété « le droit de jouir et de disposer *de la portion de biens qui est garantie par la loi.* » Le second déclarait que le droit de propriété est « borné comme les autres ; . » dans le troisième il était dit que ce droit « ne peut préjudicier à l'existence de nos semblables, » et dans le quatrième que « toute possession qui viole ce privilège est illégitime et immorale. » Il demandait, en outre, que la constitution déclarât « que tous les hommes sont frères, » que « celui qui opprime une nation est l'ennemi de toutes les autres, » que « le souverain de la terre est le genre humain. » Enfin, dans le même discours, il proposait que les citoyens indigents « fussent dispensés de contribuer aux dépenses publiques [33]. »

Ce discours, et celui qui fut prononcé par Robespierre aux Jacobins, étaient évidemment une avance faite aux partis extrêmes de la convention et même aux hébertistes et à Anacharsis Clootz.

I. LE SOCIALISME RÉVOLUTIONNAIRE.

Comment s'expliquer autrement cette phrase sur « la souveraineté du genre humain » que l'on ne trouve nulle part dans les discours de Robespierre ? Nous avons vu plus haut quelle a été la déclaration des droits des hébertistes. Pour l'emporter sur eux aux Jacobins et pour triompher des girondins à la convention, il était nécessaire de rompre avec les doctrines de ceux-ci et de faire des concessions aux doctrines de ceux-là. Mais était-ce bien là la vraie pensée de Robespierre ? y est-il resté fidèle et n'a-t-il pas changé de principe avec les circonstances ? C'est une conjecture que l'on doit à la sagacité d'Edgar Quinet, et que l'examen des faits vérifie complètement.

En effet, le discours où Robespierre propose de limiter le droit de propriété à la portion de biens garantie par la loi est du 24 avril 1793 : c'est le moment de la grande lutte entre la gironde et la montagne. Il s'agit d'écraser les girondins. Il était donc opportun de dénoncer ceux-ci comme partisans d'un droit de propriété illimité qui, suivant Robespierre, n'était que le droit d'oppression des riches sur les pauvres. Mais la gironde est vaincue ; un mois après, la discussion sur la constitution recommence à la convention. Le projet de déclaration des droits est voté d'enthousiasme le 23 juin : c'est la déclaration de la constitution de 1793. Que sont devenus les articles additionnels de Robespierre ? Pas un seul n'est entré dans le projet : il n'est plus question de portion de biens garantie par la loi ; il n'est plus question de propriété bornée. La définition du droit de propriété est des plus correctes, et c'est la définition même de Condorcet, si combattue un mois auparavant [34]. On ne déclara pas non plus que les hommes étaient frères ; on ne parla plus de la souveraineté du genre humain. Cependant Robespierre était là, et il était déjà tout-puissant. Non-seulement il ne se plaignit pas qu'on eût mis de côté toutes ses propositions ; mais il rudoya sévèrement le côté droit « de n'avoir pas voté avec enthousiasme. » Comment ne pas voir dans le premier projet de Robespierre une arme de guerre que l'on jette après le combat quand elle est devenue inutile ?

Il en est de même du projet d'exemption d'impôts, que nous avons signalé dans son discours du 24 avril. Or, le 17 juin, après la chute des girondins, deux députés, Levasseur et Ducos, reprennent cette proposition. Cette fois, Robespierre la combat, en faisant une vague allusion au discours précédent : « J'ai partagé un moment, dit-il, l'erreur de Ducos ; je crois même l'avoir écrit quelque part ; mais *j'en reviens aux principes* [35] ; et je suis éclairé par le bon sens du peuple, qui sent que l'espèce de faveur qu'on lui présente n'est qu'une injure. En effet, si vous décrétez que la misère exempte de l'honorable obligation de contribuer aux besoins de la patrie, vous décrétez l'avilissement de la partie la plus pure de la nation. » Il affirmait, avec justesse d'ailleurs, que c'était réduire la classe pauvre au rôle d'ilotes. Rien de plus vrai : mais ces considérations ne l'avaient pas frappé tant qu'il s'agissait de discréditer et d'abattre la gironde. Enfin, dans son projet de constitution, Robespierre avait proposé l'impôt progressif ; et dans la constitution de 93, ou ne trouve plus rien de semblable.

Si maintenant on passe en revue tous les grands discours prononcés par Robespierre depuis qu'il fut devenu un homme de gouvernement, on n'y trouvera plus un seul mot entaché de socialisme. Il posera les principes les plus vagues, le gouvernement par la vertu, la morale substituée à l'égoïsme ; il défendra l'existence de l'être suprême ; surtout il menacera les aristocrates ; mais de la propriété, de la misère, des riches et des pauvres, pas un mot. On peut supposer, si l'on veut, d'après les papiers trouvés chez Robespierre et quelques notes citées par Courtois dans son Rapport [36], que Robespierre nourrissait au fond de son cœur une pensée de haine contre la richesse. Mais quelques-unes de ces notes étaient raturées, et on ne sait quand elles avaient été écrites ; enfin, elles ne concernent que la pensée et non les actes. A en juger ostensiblement, tout porte à croire, d'après les faits précédents, que le socialisme de Robespierre n'a été qu'une opinion de circonstance, mais qu'il n'a pas voulu en faire une doctrine de gouvernement.

Cela est vrai de la convention tout entière. Toutes les paroles que nous avons citées sont en général des déclamations vagues et isolées, non suivies d'effet. Loin d'avoir la pensée de porter atteinte à la propriété, la convention avait décrété la peine de mort contre quiconque proposerait la loi agraire (17 mars 1793). Aussi ne doit-on pas s'étonner de voir un conventionnel, Baudot, dont Edg. Quinet a eu entre les mains les mémoires manuscrits, protester contre l'accusation de communisme et de loi agraire portée contre la convention : « La convention nationale, disait Baudot [37], n'avait pas sur la propriété une autre opinion que celle du code civil ; elle a toujours regardé la propriété comme la base de l'ordre social. Je n'ai jamais entendu aucun membre de cette assemblée prononcer une parole ou faire une proposition contraire à ce principe. » — « J'étais opposé à Robespierre, dit-il encore, parce que je n'ai jamais vu en lui un but déterminé. Il parlait sans cesse de vertu et de bonheur du peuple. Mais ce sont là des mots d'une bien grande étendue. On ne voyait pas où il en voulait venir. » Il y a sans doute quelque exagération à dire qu'on ne trouverait pas dans la convention une seule parole contre la propriété ; mais ce ne sont que des mots ou des actes isolés, le plus souvent de simples divagations déclamatoires. La doctrine officielle, publique, effective de la convention a été la doctrine de la propriété individuelle. Le communisme systématique n'avait été soutenu par personne avant Babeuf. C'est en lui qu'il faut étudier cette doctrine ; c'est avec lui que commencent ces projets de révolution sociale qu'on a vus si souvent se renouveler depuis. Ce sera l'objet d'une nouvelle étude.

Notes

1.   Sur cette question, on pourra consulter : le Socialisme pendant la révolution française, par M. Amédée Le Faure ; ouvrage qui contient un assez grand nombre de pièces inédites, curieuses, mais où l'élément socialiste est constamment confondu avec l'élément révolutionnaire ; l'Histoire du luxe, par M. Baudrillart, dont le chapitre sur le luxe pendant la révolution a été publié par la Revue, et en général toutes les histoires de la révolution française, notamment l'Histoire parlementaire de Buchez, enfin tous les documens du temps, particulièrement les journaux.

2.   Sillery, comte de Genlis, mari de la célèbre Mme de Genlis, était le principal agent du parti d'Orléans. Fauchet lui-même pourrait bien avoir eu quelques accointances avec ce parti. On cite de lui une oraison funèbre du duc d'Orléans, père de Philippe-Égalité.

3.   L'accusation de loi agraire sous la révolution correspondait à l'accusation de socialisme ou de communisme de nos jours. Cette expression de loi agraire a presque complètement disparu de la polémique politique.

Paul Janet

4.   La Bouche de fer (10 octobre 1790).

5.   Cette attaque à Voltaire attira à Fauchet de vives réponses. Anacharsis Clootz le défendit dans la Bouche de fer ; Charles Villette répondit dans les Révolutions de Paris.

6.   Le sage Malouet lui-même, dans la constituante, proposait quelque chose de semblable ; il disait aussi que « les lois de ceux qui n'ont rien sont encore à faire. » On voit combien ces idées étaient alors vagues et confuses.

7.   Anacharsis Clootz lui-même se défiait alors des illuminés d'Allemagne, car Fauchet lui écrit (10 octobre 1790) : « J'ai autant d'éloignement que vous pouvez en avoir pour les illuminés d'Allemagne, de Prusse ou d'ailleurs ; mais je suis convaincu qu'ils dénaturent la maçonnerie. »

8.   Il avait été dénoncé au comité de recherches comme demandant la loi agraire.

9.   Il ne faut pas oublier, pour être juste, que ces sortes de déclamations étaient alors de tous les partis. L'abbé Maury, l'orateur du côté droit, parlant des créanciers de l'état, les appelait « des sangsues qui dévorent le sang du peuple. »

10.   Voici, par exemple, des vers détestables, mais curieux pour le sens :

L'Esprit divinisé se conçoit, s'éternise,

Remonte vers les cieux, par les cieux aimanté,

L'homme est Dieu ; Connais-toi ! Dieu, c'est la vérité !

(Bouche de fer, n° 14.)

11.   Les principaux ouvrages de Clootz, devenus très rares et que M. Louis Blanc a trouvés au British Muséum (Bibliothèque historique de la révolution, 775) sont : Bases constitutionnelles de la république du genre humain ; — la République universelle. Appel au genre humain.

12.   Voir Levasseur, Histoire des classes ouvrières, t. III, p. 90.

13.   Buchez, Histoire parlementaire de la révolution, t. III, p. 283.

14.   Amédée Le Faure, le Socialisme pendant la révolution. M. Le Faure considère ce pamphlet comme une œuvre socialiste.

I. LE SOCIALISME RÉVOLUTIONNAIRE.

Nous ne sommes pas de cet avis.

15. Le prétendu partage des terres à Sparte a joué un grand rôle dans les théories sociales de la révolution. On trouvera la réfutation de cette opinion historique dans un mémoire remarquable et décisif de M. Fustel de Coulanges, lu à l'Académie des sciences morales et politiques (janvier 1880).

16. Buchez, t. XXII, p. 319.

17. Michelet, Histoire de la révolution, t. VI, p. 187. — Voir aussi sur Chalier. Mémoires sur Lyon, par l'abbé Guillon, p. 445.

18. Tallion, cité par Babeuf, dans la Tribune du peuple, n° 35.

19. Buchez, t. XXVI, p. 107. On remarquera qu'il y eut alors quatre projets différents de déclarations des droits ; 1° celle de Condorcet et des girondins, qu'on discutait encore lors du 31 mai ; 2° celle de Robespierre, opposée à celle-là et renvoyée au comité de constitution ; 3° celle des hébertistes, dont nous venons de citer un fragment ; 4° celle de 93, qui fut votée, après le 31 mai, et qui est très différente, nous le verrons, de celle de Robespierre et aussi de celle de Condorcet.

20. Le discours d'Armand (de la Meuse) est rapporté dans le Socialisme pendant la révolution, de M. Amédée Le Faure. L'Instruction se trouve dans les Mémoires pour servir à l'histoire de Lyon, de l'abbé Guillon, t. II, p. 359.

21. On reconnaît ici les quatre droits naturels de Ch. Fourier : le droit de chasse, de pêche, de cueillette et de pâture.

22. Cette Instruction n'est pas précisément l'œuvre de Fouché et de Collot d'Herbois. Elle est l'œuvre de la Commission temporaire de surveillance républicaine (Duhamel, président) Perrotin, vice-président ; Vert, procureur-général). Mais elle a été approuvée par Fouché et Collot d'Herbois.

23. Un autre ouvrage de Brissot, intitulé la Vérité, est la pauvreté même.

24. C'est, croyons-nous, M. Sudre, qui, dans son Histoire du communisme (1849), a le premier fait connaître le livre de Brissot et l'origine du mot de Proudhon. La Biographie universelle ne cite pas même l'ouvrage de Brissot dans sa partie bibliographique.

25. L'auteur était l'abbé Morellet. On le retrouve dans ses

Mélanges (t. III, p. 294.)

26.   Morellet parait douter que ce livre soit de 1778 ; il indique la date de 1780. Brissot peut avoir reculé la date pour se rajeunir et faire paraître l'ouvrage plus innocent.

27.   Ces décrets de ventôse furent plus tard l'objet des revendications de Babeuf et le point de départ de son entreprise.

28.   Voir sur ces deux questions Levasseur, Histoire des classes ouvrières t. III, chapitre IV.

29.   M. Louis Blanc a très bien vu le caractère socialiste de l'ouvrage de Necker, et dans le t. Ier de son Histoire de la révolution, il lui fait une place importante parmi les précurseurs et les apôtres du principe de fraternité.

30.   Voir notre étude sur la Propriété pendant la révolution française, dans la Revue du 15 septembre 1877.

31.   Buchez, t. XXIII, p. 467. L'article de Rabaud Saint-Étienne fut réfuté par Rœderer dans le Journal de Paris, n° 23.

32.   La discussion eut lieu aux Jacobins le 21 avril 1793, et à la convention le 24 avril.

33.   La discussion eut lieu aux Jacobins le 21 avril 1793, et à la convention le 24 avril.

34.   Voici en effet la définition de la propriété dans la constitution de 93 : « Le droit de faire et de disposer à son gré de ses biens et de ses revenus, des fruits de son travail et de son industrie. » (Déclaration des droits, art. 16.) Où est la différence avec la définition de Condorcet ?

35.   Toujours des principes ; seulement ils changeaient selon les circonstances.

36.   Buchez, t. XXX, p. 126-127. « Les dangers intérieurs viennent de la bourgeoisie pour vaincre le bourgeois, il faut rallier le peuple. — Quels seront nos ennemis ? — Les hommes vicieux et les riches. — Quand le peuple sera-t-il éclairé ? — Quand il aura du pain, et que l'intérêt du riche sera confondu avec celui du peuple. — Quand sera-t-il confondu ? — Jamais. » Notons que ces dernières lignes étaient raturées.

37.   Cité par Quinet (la Révolution, t. II, p. 93).

I. LE SOCIALISME RÉVOLUTIONNAIRE.

II. LE COMMUNISME AU XVIIIe SIÈCLE ET LA
CONSPIRATION DE BABEUF.[1]

La République de Platon a-t-elle eu quelque influence sur le socialisme moderne ? On ne serait pas tenté de le croire. Le communisme de Platon est un communisme aristocratique fondé sur des principes autoritaires et théocratiques, imité du système hiératique de l'Égypte ou du système militaire de la Crète et de Lacédémone. Dans *la République* de Platon, la propriété n'est interdite qu'aux classes supérieures et paraît être abandonnée comme un titre d'infériorité aux classes laborieuses : au moins Aristote l'a-t-il compris ainsi, car il en tire une objection contre Platon, et avec son grand sens politique, il dit que, si les classes inférieures ont la propriété, elles auront bien vite la souveraineté, car l'une suit l'autre. Le communisme moderne au contraire est essentiellement démocratique. C'est dans l'intérêt de tous, et surtout des classes pauvres, qu'il est revendiqué par les novateurs. La propriété n'est plus seulement, comme dans Platon, interdite aux classes supérieures : elle est mise entre les mains de l'état, c'est-à-dire du plus grand nombre, afin que chacun ait sa part et profite de ce qui est enlevé aux riches et aux puissants. On voit qu'il n'y a rien de plus éloigné de Platon que Babeuf, malgré l'identité nominale des deux doctrines. Cependant entre l'un et l'autre il y a un intermédiaire direct : c'est l'abbé de Mably, l'un des écrivains du XVIIIe siècle qui ont eu le plus d'influence à l'époque de la révolution ; mais avant de parler de Mably, disons quelques mots de son maître ; Jean-Jacques Rousseau.

Jean-Jacques est incontestablement le fondateur du communisme moderne. Jusqu'à lui, les attaques à la propriété et les hypothèses communistes n'étaient que théoriques et très rares d'ailleurs. C'est de lui qu'est née cette haine contre la propriété et cette colère contre l'inégalité des richesses qui alimentent d'une manière si terrible nos sectes modernes. Pascal avait bien écrit avant lui : « Ce chien est à moi, disaient ces pauvres enfants ; c'est là ma place au soleil… Voilà le commencement de l'usurpation et de la tyrannie sur toute la terre. » Mais quel usage voulait-il faire de cette pensée ? L'aurait-il publiée ? Et ces invectives contre la propriété n'auraient-elles pas eu un sens philosophique plutôt que social ? Au contraire, quand

Paul Janet

Rousseau écrivait dans son *Discours sur l'inégalité* : « Le premier qui, ayant enclos un terrain, s'avisa de dire : *Ceci est à moi*, fut le vrai fondateur de la société civile. Que de crimes, de misères et d'horreurs n'eût pas épargnés au genre humain celui qui, arrachant les pieux et comblant les fossés, eût crié à ses semblables : Gardez-vous d'écouter cet imposteur ! Vous êtes perdus si vous oubliez que *les fruits sont à tous et que la terre n'est à personne* ! » lorsque Rousseau, dis-je, prononçait ces paroles terribles, il était loin d'en prévoir les conséquences ; mais il exprimait sans le savoir tout un fonds de rancunes et de haines accumulées par la misère depuis des siècles, et qui devaient grandir et s'envenimer encore avec le temps.

Cependant, dans ces paroles célèbres si souvent citées, peut-être y eut-il encore plus de déclamation et de rhétorique que de théorie-calculée ; car dans ce même *Discours sur l'inégalité*, nous voyons Jean-Jacques Rousseau s'expliquer ailleurs sur l'origine de la propriété avec autant de justesse et de bon sens que de modération. Il montre, en effet, que c'est de la culture des terres qu'est venu leur partage, qu'il est impossible de concevoir la propriété naissant d'ailleurs que de la main-d'œuvre et du travail. Il ajoutait que « le travail, donnant droit, au cultivateur sur le produit, lui en donne par conséquent sur le fonds, au moins jusqu'à la récolte suivante, ce qui, faisant une possession continue, se transforme aisément en propriété. » Il rappelait après Grotius que les anciens avaient donné à Cérès le nom de législatrice, ce qui indiquait que de la culture des terres est né le droit. Toutes ces vues n'ont rien que de juste, de noble et d'élevé.

Dans *le Contrat social*, on voit également un combat dans l'esprit de Rousseau entre les vrais principes et les instincts révolutionnaires. Il prétend que chacun, en entrant dans le corps social, se donne tout entier « avec toutes ses forces, dont ses biens font partie. » Mais cette aliénation est loin d'être une spoliation de nos biens ; car, « au contraire, la communauté nous en assure par là même la légitime possession et change l'usurpation en droit, la jouissance en propriété. » Sans doute c'est bien là, si l'on veut, faire encore dépendre la propriété de la loi civile, mais c'était alors la théorie commune des publicistes et des législateurs. Bossuet disait également : « Tous les droits viennent de l'autorité civile. » Cependant Rousseau, aussitôt après avoir posé le droit de propriété, se hâtait d'en fixer les limites : « Le droit que chaque particulier a sur son propre fonds est subordonné au droit que la communauté a sur tous. » En même temps, l'instinct du niveleur se faisait encore sentir dans une note célèbre où il disait que « les lois sont toujours utiles à ceux qui possèdent et nuisibles à ceux qui n'ont rien ; d'où il suit que l'état social n'est avantageux aux hommes qu'autant qu'ils ont tous quelque chose et qu'aucun n'a rien de trop. » Au fond, nous ne trouvons donc dans Jean-Jacques Rousseau que des doctrines incohérentes sur la propriété, tantôt justes, tantôt erronées, et il a plutôt fourni au socialisme moderne des formules que des arguments. Il n'en est pas de même de son disciple Mably, qui, sans écrire comme Rousseau sous l'empire de l'esprit de révolte et de la haine servile, a donné le premier toute la théorie du communisme.

L'abbé de Mably, aujourd'hui l'un des auteurs les plus oubliés du XVIIIe siècle, en a été cependant l'un des plus célèbres et des plus influents. La preuve en est dans l'abondance des éditions qui ont été faites de ses œuvres. Mably et Raynal ont eu le même sort : ils ont eu la même popularité et la même décadence. Ceux qui pratiquent un peu la librairie d'occasion savent que, s'il y a quelque chose de plus commun sur les quais que les œuvres de l'abbé Raynal, ce sont les œuvres de l'abbé Mably : preuve incontestable de l'influence de ces deux personnages. Pour nous en tenir à Mably, J -J. Rousseau, qui l'a beaucoup connu, prétend avoir été pillé par lui. C'est une erreur ou du moins une exagération, car Mably s'est inspiré directement de l'antiquité, au moins autant que de Rousseau. C'est de Platon qu'il a emprunté les deux principes de sa philosophie politique, principes qu'il a transmis à nos révolutionnaires. Le premier, c'est que l'état a pour mission de faire régner la vertu ; le second, c'est que la propriété individuelle est l'effet de l'égoïsme et la source de toutes les haines et de toutes les guerres qui se partagent les états. La première de ces maximes a passé directement de Mably à Robespierre et à Saint-Just ; la seconde, à Babeuf. Nous n'avons pas à nous occuper ici de la première de ces doctrines ; résumons seulement les points principaux de la seconde.

Dans son livre sur *l'Ordre naturel et essentiel des sociétés politiques* (1767), un B économiste célèbre de l'école de Quesnay,

Mercier de la Rivière, avait essayé de donner la démonstration de la propriété foncière individuelle. Il s'était appuyé sur cet argument : « Je suis maître de ma personne ; j'ai le droit de pourvoir à ma subsistance ; donc il est juste que j'aie une propriété foncière. » Mably répondit par ses *Doutes aux économistes* (1768), où il discuta la valeur de la démonstration précédente. Suivant lui, cet argument ne serait valable que s'il était démontré que la propriété foncière est pour chacun de nous le seul moyen de subsister. Sans doute, si je consens à travailler pour la société, il faut qu'elle se charge de ma subsistance ; mais « qu'elle se charge de ce soin, en laissant les choses en commun ou en partageant le domaine public entre les citoyens, c'est la chose du monde la plus indifférente. » Mercier de la Rivière avait dit que la société forme « un ensemble parfait composé de différentes parties qui sont toutes nécessaires les unes aux autres. » Mably répond : « Il faut être bien sûr de son adresse à manier des sophismes pour oser se flatter qu'on persuadera à un manœuvre qui n'a que son industrie pour vivre, qu'il est dans le meilleur état possible, que c'est bien fait qu'il y ait de grands propriétaires qui aient tout envahi, » et il ajoutait : « Pourquoi voulez-vous que je sois content en me voyant destiné au plat rôle de pauvre, tandis que d'autres, je ne sais pourquoi, font le rôle important du riche ? »

Dans un autre de ses ouvrages, *Législation ou Principes des lois* (1776), Mably ne se contente plus de répondre à des arguments : il attaque directement la propriété elle-même. Il y soutient : 1° que l'inégalité des richesses est la source de toutes les autres ; 2° que les hommes, sortant des mains de la nature, sont tous semblables, tous égaux. Sur le premier point, il prouve comme le faisaient Platon et Aristote, que l'unique cause de toutes les révolutions est dans l'inégalité des propriétés. Les pauvres furent obligés de vendre leurs services et les riches usurpèrent l'autorité publique : les pauvres se soulevèrent ; de là les dissentiments et les guerres civiles qui déchirent les républiques. D'ailleurs pourquoi ces inégalités ? Tous les hommes ne sont-ils pas naturellement identiques ? la nature, ne nous a-t-elle pas donné à tous les mêmes besoins, la même raison ? les biens de la terre ne leur appartiennent-ils pas en commun ? avait-elle établi à chacun un domaine particulier ? On objecte qu'il y a une inégalité naturelle, qui vient de la différence des inclinations, des forces et des talents. C'est là, selon Mably, un cercle vicieux, car toutes ces inégalités viennent elles-mêmes de l'inégalité primitive de fortune, qui amène l'inégalité d'éducation : il est vrai qu'il y a une certaine inégalité dans la distribution des bienfaits de la nature ; mais elle n'est pas en proportion avec cette monstrueuse différence que l'on voit dans la fortune des hommes.

On objecte encore aux adversaires de la propriété que, si l'on faisait un partage égal, ce partage ne durerait pas. Les terres produiraient toujours plus dans certaines mains que dans d'autres ; les héritages finiraient toujours par s'accumuler entre les mains des plus habiles. Refera-t-on le partage tous les cent ans ? Le remède sera pire que le mal. Mably reconnaît la force de cette objection ; mais il répond qu'il ne s'agit pas de partage, mais de communauté : il ne s'agit pas de partager la propriété ; il faut l'abolir. C'est ce qu'on fit à Sparte, selon lui [2]. Lycurgue ne se contenta pas de partager les terres, il ôta aux citoyens la propriété du fonds et ne leur laissa que la qualité d'usufruitiers.

L'égalité et la communauté sont si naturelles selon Mably, que ce qu'il y a de plus difficile à comprendre, c'est précisément l'origine de la propriété. Cette origine, il la voit dans la paresse des uns et dans l'activité des autres, et il a cent fois raison ; mais il ne voit pas que c'est là même la condamnation du système de la communauté. Les mêmes causes produiront toujours les mêmes effets. Que l'on adopte le partage ou la communauté, jamais les industrieux ne se laisseront dépouiller par la paresse ; l'inégalité et la propriété particulière reviendront toujours par ce côté. Mably élude cette objection capitale par les raisons les plus superficielles. Il ne s'agit suivant lui que d'encourager au travail : aux hommes laborieux il suffira d'accorder des récompenses et des distinctions. Quoi de plus frivole ! Comment des distinctions honorifiques pourraient-elles suffire là où le stimulant même de la propriété est insuffisant ? Se borner d'ailleurs à récompenser le travail par des distinctions, n'est-ce pas dire que l'on pourrait vivre sans rien faire, pourvu qu'on se privât de distinctions ? Il faudrait donc arriver à obliger au travail par la loi et la contrainte, et l'on reviendrait par là à l'esclavage et au servage. La propriété est l'excitant le plus naturel ; elle rend inutile le travail forcé : elle est donc une garantie de la liberté.

Mably reconnaît cependant que la propriété a jeté de profondes racines., et que dans nos mœurs actuelles, la communauté est impossible : la seule chose praticable, c'est de tendre vers ce but par le morcellement des fortunes. Dans cette pensée, Mably propose les mesures suivantes : diminuer les besoins de l'état au lieu de chercher à accroître ses revenus ; — n'établir que des impôts directs sur les terres, l'impôt indirect fournissant aux magistrats mille moyens artificieux de satisfaire leurs passions et de tromper les peuples ; — lois somptuaires qui doivent s'étendre sur tous les objets de luxe, meubles, logements, tables, domestiques, vêtements, etc., — lois de succession, — interdiction des testaments, — formalités pour empêcher la vente et l'aliénation des biens ; — lois agraires qui ne seraient pas des lois de partage, mais qui fixeraient des limites à la possession des terres.

On voit par ces diverses propositions le caractère et l'origine du communisme de Mably. Il est tout à rebours du mouvement de la civilisation moderne, fondée sur la liberté du travail et de la propriété. C'est un socialisme rétrograde, abstrait, puisé dans la lecture mal comprise de l'antiquité et surtout de Platon ; ce sont les mesures restrictives des sociétés primitives, sortant à peine de l'état nomade : de là beaucoup de vieilles règles ou de traditions, qui ont subsisté pendant longtemps dans les républiques de la Grèce, et que les partisans austères du passé invoquaient sans cesse comme la garantie des vieilles mœurs et des usages sacrés. Il faut le dire, la propriété individuelle a dû être, à l'origine, un fait révolutionnaire. Platon la combat par haine de la démocratie, et Hobbes, au XVIIe siècle, la combat aussi au même titre, l'un au nom de l'aristocratie, l'autre au nom de la monarchie absolue. Mably, dans ses théories communistes, était, sans le savoir, un aristocrate.

Le socialisme de Mably était donc un socialisme érudit, classique, littéraire, né de la lecture des anciens : il se présentait d'ailleurs d'une manière modérée dans ses moyens d'application. Mais avant Mably, quelques années après le *Discours* de Rousseau *sur l'inégalité des conditions*, déjà en 1755, avait paru un ouvrage d'un socialisme bien plus hardi, et allant droit à l'établissement et à l'organisation du communisme ; c'est *le Code de la nature*, souvent attribué à Diderot, et qui a été longtemps inséré dans ses œuvres, mais dont le véritable auteur est Morelly.

Le socialisme de Morelly est un socialisme sans lumières et

sans culture, issu des réflexions les plus élémentaires sur l'ordre social, sans aucun soupçon de la complexité et de la difficulté des questions. Rousseau et Mably sont des gens de lettres conduits au socialisme par l'imagination ou par l'érudition ; Morelly est un esprit vulgaire et de bas étage, quoiqu'il soit l'auteur d'une sorte de poème épique intitulé *la Basiliade* [3] dans lequel il combattait déjà sous forme allégorique le droit de propriété : c'est surtout dans *le Code de la nature* qu'il a exposé et développé ses principes. Ce livre est de la famille de l'*Utopie* de Thomas Morus, de *la Cité du soleil* de Campanella, etc., et il est lui-même l'original des constructions utopiques analogues qui ont paru de nos jours. L'auteur part d'une idée philosophique qui n'est pas sans valeur et sur laquelle plus tard un esprit bien plus original, Ch. Fourier, a fondé son système, à savoir l'idée d'une accommodation du mécanisme social aux passions humaines, de manière qu'il fût impossible à l'homme d'être méchant ; mais cette idée est à peine indiquée dans Morelly et très faiblement développée. Passons également sur la polémique contre la propriété, qui n'a rien d'original, pour arriver au système d'organisation sociale qui est le type qu'ont reproduit tous les communistes modernes depuis Babeuf jusqu'à Cabet. Il faut distinguer, suivant Morelly, plusieurs systèmes de lois : les lois fondamentales ou lois sacrées, — les lois de distribution, — les lois somptuaires, — les lois de police, — les lois conjugales ou d'éducation, — enfin les lois pénales. Les lois fondamentales sont au nombre de trois : point de propriété ; — tout citoyen est un homme public, un fonctionnaire ; — tout citoyen doit contribuer à l'utilité publique. Ces trois lois résument le système. S'il n'y a point de propriété, il faut que l'état nourrisse l'individu ; mais il ne peut le nourrir sans que celui-ci travaille pour l'état : être nourri, c'est un droit ; travailler est un devoir. Après les lois fondamentales viennent les lois distribuées, les plus importantes de toutes dans le système communiste : nécessité de dénombrer toutes les denrées ; emmagasinement de celles qui sont susceptibles d'être conservées ; marchés ouverts pour celles qui se consomment rapidement ; interdiction des échanges et du commerce, si ce n'est d'état à état ; distributions journalières des denrées nécessaires à la vie ; telles sont les principales de ces lois. Elles ne règlent pas seulement la consommation, mais encore la production. Les citoyens sont

Paul Janet

divisés par dizaines ou par centaines, qui fournissent chacune un nombre proportionné d'ouvriers à chaque profession : à dix ans, on commence à apprendre un métier ; de quinze à dix-huit, on doit se marier ; de vingt à vingt-cinq, on travaille à l'agriculture, par laquelle tout le monde doit passer ; à vingt-six ans, on entre dans une profession spéciale ; mais on ne peut être maître qu'à trente ans ; à quarante, le choix du travail devient libre, sans que le travail cesse d'être obligatoire. On voit que le communisme est lié au système des corporations et des maîtrises dans son sens le plus étroit. L'éducation est réglée comme le travail : il n'y aura pas d'autre philosophie morale que le système des lois ; la métaphysique se bornera à l'affirmation d'un être suprême, et il ne sera permis de rien ajouter à la métaphysique et à la morale au-delà des bornes prescrites par la loi. L'éloquence, la poésie et la peinture ne seront point interdites ; mais elles se borneront à célébrer les beautés physiques et morales de la nature. Enfin les lois pénales garantiront l'obligation du travail, mais qui garantira l'efficacité de ces lois ? C'est ce que l'auteur ne se demande pas. Rien de plus facile que d'aller au marché prendre ce dont on a besoin ; mais il est plus difficile d'imposer le travail à celui qui n'en attend rien : tout le monde est prêt à jouir, mais peu le sont à se fatiguer. Comment réglera-t-on la jouissance et comment encouragera-t-on au travail sans retomber dans l'inégalité et la propriété ? Quant à celui qui se refusera au. travail, comment l'y forcer sans en faire un serf ou un esclave ? Hors de la propriété individuelle, il n'y a de possible que le système des travaux forcés.

Tel est le rêve qu'une démagogie imbécile propose au peuple comme un idéal et qu'elle poursuivrait volontiers à travers des flots de sang. Tel est le rêve qu'a essayé de réaliser à la fin du XVIIIe siècle, par une entreprise demeurée impuissante, l'un des personnages le plus médiocres et le plus pauvres d'esprit qu'ait produits la révolution française, celui qui s'appelait lui-même le *tribun du peuple* et qui est connu dans l'histoire sous le nom de Caïus-Gracchus Babeuf. Quel était ce personnage ? Quelles étaient ses vues et ses idées, si tant est que l'on puisse appeler cela des idées ? enfin quels étaient ses projets ? Quelles causes le firent échouer ? Qu'est-ce enfin que cette fameuse conspiration de Babeuf [4] que l'on a crue longtemps une mystification politique,

II. LE COMMUNISME AU XVIIIe SIÈCLE...

mais que nous connaissons aujourd'hui à fond, grâce à un des complices, Buonarotti, qui en a raconté l'histoire dans un livre plein d'intérêt ? C'est un des épisodes curieux de la révolution, qui mérite d'être raconté avec quelques détails.

II

M. Edouard Fleury, dans son intéressante *Vie de Babeuf*, paraît croire que celui-ci a traversé deux phases, l'une dans laquelle il aurait appartenu au parti modéré et presque réactionnaire, et l'autre où il serait devenu révolutionnaire et anarchiste. Il est vrai que quelques apparences pourraient autoriser ce système ; mais nous croyons qu'à bien examiner les faits, on trouve qu'il n'y a eu qu'un seul Babeuf qui se modifia suivant les circonstances : pour nous en assurer, résumons les principaux traits de son histoire.

La première fois que le nom de Babeuf a été prononcé et livré à la publicité, c'est dans le journal de Marat, *l'Ami du peuple* (4 juillet 1790), douteuse recommandation en faveur d'un modéré : « Je dénonce, disait Marat, un nouvel attentat... Un homme estimable, le sieur Babeuf, enlevé de sa couche au milieu de la nuit, est incarcéré depuis cinq semaines. » Qu'avait fait Babeuf pour motiver cette incarcération, et qu'avait-il été jusque-là ? Il était né à Saint-Quentin, en 1762 ou 1764 ; son père était un ancien militaire au service de l'Autriche. Il était arpenteur à Roye en Picardie et collaborait au *Correspondant picard*. Il y avait publié un travail devenu brochure, sous ce titre : *Pétition sur les impôts*. Il y prétendait, se fondant sur la déclaration des droits, que les *aides*, les *gabelles*, les *droits d'entrée* ne pouvaient plus subsister depuis que les Français étaient devenus libres ; bref, il demandait la suppression de tous les impôts ; c'était cette brochure qui l'avait fait arrêter. Marat terminait l'article qu'il lui consacrait en invitant les citoyens « à visiter patriotiquement notre frère Babeuf. » A la même époque, et dans le même journal, il proposait un partage des biens communaux, mesure qui allait en sens inverse de ses doctrines futures, car c'était la destruction des derniers vestiges du communisme primitif. Babeuf fut acquitté ou du moins délivré à la suite du 14 juillet 1789, c'est-à-dire après la prise de la Bastille. Ce ne fut pas la seule fois qu'on le verra en

Paul Janet

prison : il passera désormais une partie de sa vie à y entrer et à en sortir. Toujours est-il que cette première épreuve n'a rien qui le rende particulièrement recommandable. Nous le perdons de vue pendant quelque temps ; mais au mois d'août 1793, on le voit de nouveau accusé, cette fois beaucoup plus gravement, car il s'agissait d'un faux [5] : il sut se dérober à la poursuite et fut condamné par contumace. Cette condamnation parait avoir été fictive, car, au même moment, on le voit entrer à Paris dans les bureaux de l'administration des subsistances. Mais là bientôt son caractère difficile et soupçonneux le met de nouveau en péril. Il commence par dénoncer le procureur général Manuel comme ayant organisé la famine : il va plus loin et accuse l'administration tout entière, le maire de Paris, les ministres, les comités : partout il découvre et dénonce un nouveau pacte de famine. Les sections prennent parti pour l'accusation et nomment une commission pour l'examiner. Le comité de salut brise la commission et envoie Babeuf à l'Abbaye. Le président de la commission est condamné à mort, et Babeuf est renvoyé au tribunal de l'Aisne, qui le met en liberté, le 20 messidor (an II) [6].

Ainsi, sous la terreur de 93, Babeuf avait osé se mettre en conflit avec la terrible dictature de Robespierre et de la convention : aussi le voyons-nous applaudir énergiquement au 9 thermidor et faire cause commune avec tous les adversaires du terrorisme [7]. Il fonde le *Journal de la liberté de la presse*, dont tous les premiers numéros sont consacrés à Robespierre. Il distingue deux Robespierre : l'un jusqu'au commencement de 93, l'autre depuis cette époque ; l'un apôtre de la liberté, l'autre le plus infâme tyran. Cette distinction vient à l'appui de celle que nous faisions nous-même dans un travail précédent, entre le Robespierre d'avant le 31 mai et celui d'après le 31 mai, le premier flattant les passions anarchiques et socialistes, le second revenu, malgré son terrorisme, à des idées gouvernementales. Or le Robespierre que Babeuf approuve, c'est le premier : c'est l'ennemi des girondins, c'est l'associé de Danton et de Marat dont il fait l'éloge : il ne le combat que lorsqu'il est resté seul, et qu'il est devenu le maître. Il le nomme « l'empereur Robespierre, » — « l'Attila Robespierre, » — « Robespierre l'exterminateur. » — Il lui reproche « un machiavélisme atroce » emprunté « au gouvernement du Maroc et d'Alger. » Il appelle son système « l'antropophagie révolutionnaire. » « C'est, dit-il, un gouvernement de sang que l'on voudrait effacer de l'histoire. » Il enveloppe tous les jacobins dans sa haine contre Robespierre et leur inflige la plus sanglante injure qui fût dans le vocabulaire du temps : il les appelle « des prêtres, » et ne craint pas de demander des mesures de rigueur contre eux : « Puisque la queue de Robespierre, dit-il, est si difficile à extirper, il faut employer le vert et le sec ; » il faut se servir tantôt « de la foudre de Marat, » tantôt « du caustique de Desmoulins. » Il prédit le temps où ce sera une injure de dire à quelqu'un : « Tu es jacobin. » On voit par toutes ces citations que Babeuf s'exprimait d'abord sur le compte de Robespierre et des jacobins exactement de la même manière que le faisaient alors tous les modérés, heureux d'avoir échappé à une si terrible tyrannie ; mais il ne faut pas se laisser prendre aux apparences. N'oublions pas que le 9 thermidor n'a réussi que par la coalition contre Robespierre des partis extrêmes et des partis modérés. Ce sont les plus compromis dans la révolution qui l'ont frappé, et si les idées de clémence et d'humanité ont triomphé par sa chute, c'est que le terrorisme avait fini par se personnifier en lui : il était lui-même tout le système, nul n'eût pu le continuer après lui. Il n'est pas moins vrai que dans les imprécations contre Robespierre deux courants étaient mêlés : d'un côté les amis des girondins, de l'autre les amis d'Hébert et de Danton. A quel camp appartenait Babeuf, même dès cette époque ? Tout nous porte à croire qu'il appartenait déjà au parti le plus ardent de la révolution, à celui que Robespierre lui-même avait frappé comme anarchique et subversif, au parti hébertiste. Plusieurs faits autorisent cette conjecture. Les dénonciations dont il s'était fait l'organe et pour lesquelles il avait été arrêté, avaient été accueillies avec faveur par les sections, c'est-à-dire par les révolutionnaires extrêmes. Ce qu'il reproche le plus à Robespierre, c'est la suppression de la constitution de 93. Il maudit ce système, qui veut que, « pour jouir de la liberté, on commence par être esclave, » et qui croyait nécessaire au salut de la patrie que le peuple se dépouillât lui-même de « sa souveraineté. » Si Robespierre est son ennemi, Marat est son idole : « Marat et Loustalot, dit-il, étaient de ces hommes qui voient toujours six mois avant les autres. » Il se met sur la même ligne : « il est digne de leur succéder ; » et ne se contentant pas de cette allusion

Paul Janet

discrète, il disait hardiment : « J'ai hérité du courage et de la bonne vue de Marat. » Il écrivait au *Club électoral* : « Si je n'ai pas les talents de Marat, j'ai son feu et son dévouement. » Qu'était-ce que ce *club électoral* qui avait été dissous sous Robespierre et qui s'était reformé au 9 thermidor ? C'était probablement un club hébertiste. Les jacobins lui étaient très opposés. Il avait adressé une pétition à la convention, dont le rédacteur était Bodson, l'un des futurs complices, de Babeuf. Le club demandait le retour aux droits de l'homme et la liberté illimitée de la presse. Billaud-Varenne l'accusait d'hébertisme. Babeuf répond mollement à cette imputation. Il défendait également dans son journal une autre pétition qui était appelée « pétition du Muséum ; » elle demandait l'élection des magistrats par le peuple, le retour à la constitution de 93 : on y trouve une apologie de la commune de Paris, « sans laquelle, est-il dit, aucune des grandes révolutions de la liberté n'aurait été faite, qui, pendant cinq ans, a été la terreur de l'aristocratie, et au nom de laquelle tremblait la gironde. »

Tous ces extraits sont tirés du *Journal de la liberté de la presse*, c'est-à-dire du journal de Babeuf sous sa première forme, avant qu'il ait jeté le masque et soit devenu le Babeuf de l'histoire : on voit que ce ne sont nullement là les sentiments d'un modéré. Néanmoins il faut reconnaître que, si Babeuf partageait à cette époque les opinions démocratiques les plus exagérées, si même on peut trouver déjà dans ses écrits les premières traces de ses doctrines sociales, cependant il était alors sincère dans son aversion pour le système terroriste : « Je suis, disait-il dans sa *Vie de Carrier*[8], je suis encore, sur le chapitre de l'extermination, homme à préjugés. Il n'est pas donné à tous d'être à la hauteur de Maximilien Robespierre. » Sa sincérité en cette circonstance est prouvée par le repentir même qu'il en éprouva plus tard. Il écrivait en effet à Bodson, lorsqu'il noua les premiers fils de sa conspiration : « Je confesse que je m'en veux d'avoir autrefois vu en noir le gouvernement révolutionnaire de Robespierre et de Saint-Just. Ce gouvernement était diablement bien imaginé. Je ne suis pas du tout d'accord avec toi qu'il ait imaginé de grands crimes et fait périr bien des républicains. Pas tant ! Je n'entre pas dans l'examen si Hébert et Chaumette étaient innocents. Quand cela serait, je justifie encore Robespierre… Mon opinion est qu'il fit bien. Le salut de vingt-cinq millions d'hommes ne doit pas être balancé contre le ménagement de quelques individus équivoques. » Ainsi, plus tard, Babeuf reniait ses velléités de clémence et d'humanité ; mais cela même prouve qu'elles étaient bien conformes à ses vrais sentiments au moment où il les exprimait.

Nous venons de voir Babeuf, thermidorien, adversaire de Robespierre et des jacobins, et pouvant se confondre, aux yeux de ceux qui n'y regardaient pas de très près, avec les partis contre-révolutionnaires. Mais bientôt sa vraie politique se dessine ; le révolutionnaire reparaît : nous sommes en présence du vrai Babeuf, du Babeuf de l'histoire.

Ce changement se manifesta d'abord par le changement de titre du journal. Le 14 vendémiaire an II (1794), le *Journal de la liberté de la presse* prend le nom du *Tribun du peuple* [9] ; et lui-même commence à signer : Gracchus Babeuf. Il choisit pour épigraphe le premier article de la constitution de 93 : « Le but de la société est le *bonheur commun.* » Il explique son changement de titre. Il s'appelle tribun du peuple, dit-il, c'est-à-dire défenseur du peuple ; il se met « sous le patronage des plus honnêtes gens de la république romaine. » Quant au changement de prénom, il l'explique en ces termes : « Pourquoi vouloir me forcer à conserver saint Joseph pour mon patron ? Je ne veux point des vertus de ce brave homme-là. » Bientôt enfin il jette le masque, et le faux modéré se montre tel qu'il est, avouant lui-même qu'il s'était couvert d'une apparence trompeuse : « J'ai voulu, dit-il, essayer le stylet de l'astucieux politique et prendre un long circuit pour arriver à quelques mots de raison. Cette armure et ce genre d'escrime ne me vont point. Ils ont failli me faire passer pour un *athlète équivoque*. Je redeviens moi ; *j'abjure toute feinte*. Le brave Ajax ne doit pas recourir aux ruses d'Ulysse. » Il annonce donc qu'il va *déchirer les voiles* et dire « le fin mot, l'à-quoi-bon de la révolution. »

Il distingue deux républiques, qui bien souvent depuis ont été opposées l'une à l'autre : l'une bourgeoise et aristocratique, l'autre populaire et démocratique. La première veut un patriciat et une plèbe ; la seconde veut non-seulement l'égalité des droits, l'égalité dans les livres, mais l'égalité réelle, c'est-à-dire « l'honnête aisance et la suffisance légalement garantie de tous les besoins physiques. » Il rappelle toutes les mesures sociales de la convention que nous avons récemment signalées et en fait un thème d'accusation contre les membres de cette assemblée qui les avaient oubliées : « Souvenez-vous que vous promettiez une propriété à la fin de la guerre à tous les défenseurs de la patrie ? Souvenez-vous de la loi qui garantit des lots territoriaux aux sans-culottes impropriétaires. » Quelque temps après, il se déclarait encore plus ouvertement dans le n° 34 de son journal (15 brumaire, an IV.) Qu'est-ce que la révolution ? disait-il : « Une guerre déclarée entre les patriciens et les plébéiens, *entre les riches et les pauvres.* » Cet article fit un grand « tapage, » selon l'expression de Babeuf. Fouché lui-même, qui jusqu'alors avait protégé Babeuf contre les thermidoriens, se déclare contre lui. Babeuf s'expliqua dans le numéro suivant (n° 35, 17 brumaire) le plus important de tous [10], et qui plus tard fut une des pièces de l'accusation. Il y exposait son programme. Pour la première fois la thèse communiste était posée et défendue systématiquement, comme le dernier mot de la révolution. Comment Babeuf y était-il arrivé ? Nous avons vu que son premier écrit, vanté par Marat, demandait l'abolition des impôts et le partage des biens communaux. Dans un autre écrit, publié après le 9 thermidor, et que nous avons déjà cité, *le Système de dépopulation*, il présentait quelques-uns des principes du communisme. Tout en maudissant le système exterminateur de Robespierre, il lui prêtait cependant ses propres idées sociales, qu'il résumait dans cette maxime de Jean-Jacques Rousseau : « Il faut que tous les citoyens aient quelque chose, et qu'aucun d'eux n'ait rien de « trop. » C'est ce qu'il appelait « l'élixir du *Contrat social.* » Il attribuait à Robespierre la pensée anticipée de son propre système. Celui-ci se serait dit. que, tant que la majorité du peuple français ne posséderait rien, l'égalité ne serait qu'un vain mot, et que la majorité serait toujours l'esclave de la minorité. Les privilèges ne seraient détruits que si toutes les propriétés étaient ramenées entre les mains du gouvernement. Pour arriver à ce but, il fallait immoler tous les grands propriétaires et effrayer les autres ; et même la population étant encore trop considérable pour que le partage fût productif, il fallait sacrifier les sans-culottes en assez grand nombre pour que les autres pussent jouir en toute sécurité. C'est ce que Babeuf appelle « le système de dépopulation. » La terreur aurait donc été, suivant lui, une sorte de malthusianisme anticipé. Elle avait eu pour but de proportionner la population aux subsistances. Tel était le sens « des guillotinades, des foudroyades et noyades » de la convention. Babeuf condamnait les moyens ; mais il approuvait le but. Il soutenait que « le sol d'un état doit assurer l'existence à tous les membres de cet état, » il demandait que « moyennant travail, on garantît le nécessaire à tous, » il demandait aux riches « de s'exécuter eux-mêmes ; » autrement « le peuple, devenu dévorant, éclate et renverse tout. » Rien de tout cela cependant, quelque menaçante qu'en fût l'expression, ne nous paraît encore dépasser cette espèce de socialisme vague et diffus que nous avons rencontrée chez presque tous les révolutionnaires. Bientôt nous l'avons vu, Babeuf jette le masque ; il attaque la convention ; il est de nouveau arrêté à la suite des journées de prairial, conduit à Arras, puis transféré à Paris dans la prison du Plessis. On dit que ce fut là qu'il noua les premiers fils de sa conspiration future et que se formèrent définitivement ses théories sous leur forme systématique, soit qu'il les ait communiquées aux autres prisonniers, soit qu'il les ait reçues au contraire de l'un d'entre eux, devenu son ami et plus tard son complice, un nommé Bodson, qui, dit Buonarotti, « avait mieux que personne saisi les vues profondes de Robespierre. » Après les journées de vendémiaire, Babeuf fut délivré de sa prison par l'amnistie du 4 brumaire : c'est alors qu'il reprend son journal, qu'il prépare le complot futur et qu'il esquisse le plan de sa doctrine.

Jusqu'à Babeuf, la théorie communiste était confondue avec ce qu'on appelait « la loi agraire, » c'est-à-dire le partage égalitaire des terres. Toutes les fois que, sous la révolution, on voulait exprimer ce que nous appelons aujourd'hui « le péril social, » on évoquait les lois agraires. Le nom de Caïus-Gracchus, que Babeuf avait pris, autorisait précisément cette confusion : car c'est surtout par les Gracques que ces lois sont célèbres dans l'histoire. Le premier cri qui s'éleva contre Babeuf fut donc celui-là : « Vous voulez la loi agraire ? — Non, répond-il, nous voulons *plus que cela*. » Il reconnaissait en effet que la loi agraire ne pouvait durer qu'un jour. Dans son procès, il disait nettement : « La loi agraire est une sottise qui n'a pas le sens commun. » Elle consisterait à faire de la France un échiquier dont chaque case serait égale, ce qui donnerait un résultat entièrement insignifiant. De quoi s'agit-il donc ? De tout autre chose, « de dépropriétariser toute la France. Dans mon *Bonheur commun*, je veux qu'il n'existe aucune propriété individuelle. » Il invoquait des autorités historiques, entre autres celle de Lycurgue : on devine à quel point il connaissait l'histoire de Lycurgue ; aussi se contentait-il de l'interpréter d'après l'abbé Mably, et il soutenait que le législateur de Sparte avait constitué un système « où les charges et les avantages étaient également répartis, où la suffisance était le partage de tous, et où personne ne pouvait atteindre le superflu. » Il ne s'agit plus maintenant de partage, dans le sens propre du mot : il s'agit de « communauté » ce qui est bien différent : distinction importante empruntée à Mably. Il s'agit d'établir, selon les expressions de Rousseau, que « le terrain n'est à personne, mais à tous ; » que tout ce que l'individu accapare au-delà de la subsistance est un vol social [11], » que le droit d'aliénabilité est « un attentat *populicide* ; » expression qui pour cette fois appartient à Babeuf, assez riche en néologismes ; enfin que « l'hérédité est une non moins grande horreur, » doctrine anticipée des saint-simoniens.

Voilà le principe du système. On objecte l'inégalité des talents, l'inégalité du travail, l'inégalité d'instruction. Babeuf repousse absolument toutes ces inégalités : « La supériorité de talent n'est qu'une chimère. — La valeur de l'intelligence est une chose d'opinion. » Il soutient que ce sont les intelligences qui ont elles-mêmes donné un si haut prix aux conceptions de leurs cerveaux ; et que, si les forts eussent réglé les choses, ils auraient établi « que le mérite du bras vaut celui de la tête. » Il prétend que l'instruction n'agrandit pas la « capacité de l'estomac » et ne doit pas par conséquent donner droit à une rémunération plus grande. Celui qui fait une montre n'a pas plus de droits que celui qui fait des sillons. C'est cependant ce qui permet à un ouvrier horloger d'acquérir le patrimoine de vingt ouvriers de charrue. En conséquence, il faut assurer à chacun « la suffisance, mais rien que la suffisance. »

Tels sont les principes de ce « terrible manifeste, » comme il l'appelle lui-même, publié dans le n° 35 du *Tribun du peuple*. Comme conclusion pratique, il propose « d'établir une administration commune, de supprimer la propriété particulière, d'attacher chaque homme au talent ou à l'industrie qu'il connaît, de l'obliger à en déposer les fruits en nature au magasin commun, et d'établir une simple administration de distribution qui, tenant registre de tous les individus et de toutes les choses, fera repartir ces dernières dans la plus scrupuleuse égalité. » L'expérience prouve, selon Babeuf, qu'un tel gouvernement est possible, « puisqu'il est appliqué journellement aux douze cent mille hommes de nos armées. » Les derniers mots de ce « terrible manifeste » semblent être le programme du nihilisme actuel : « Tous les maux sont à leur comble, y est-il dit. Que tout se confonde ! que tout rentre dans le chaos ! et que de ce chaos sorte un monde nouveau et régénéré ! » Enfin il demande « un bouleversement général dans l'ordre de la propriété, » et il déclare « la révolte des pauvres contre les riches » comme une nécessité absolue.

Les mêmes principes, sous des formes plus violentes encore, se rencontrent dans le *Manifeste des égaux*, pièce saisie chez Babeuf, et qui avait été rédigée par Sylvain Maréchal. Ce manifeste distingue entre « l'égalité conditionnelle » et « l'égalité réelle. » L'égalité conditionnelle, c'est l'égalité devant la loi ; c'est une hypocrisie, une stérile fiction. La vraie égalité, c'est l'égalité « de fait. » « Nous voulons, disait-on, l'égalité ou la mort. » On protestait encore contre l'accusation de loi agraire, qui n'avait été, disait-on, que le vœu de soldats sans principes. « Nous voulons quelque chose de plus sublime, la *communauté des biens*. » C'est la première fois que nous rencontrons cette formule précise du communisme. Les paroles de J.-J. Rousseau dans le *Discours sur l'inégalité* sont citées comme autorité. « Les fruits sont à tout le monde, et la terre n'est à personne. » L'auteur du *Manifeste*, Sylvain Maréchal, interprète sans doute de la vraie pensée de Babeuf, acceptait hardiment toutes les conséquences de ce brutal communisme. « *Périssent tous les arts*, disait-il, pourvu qu'il nous reste l'égalité réelle ! » Buonarotti, dans son curieux récit de la conspiration, nous apprend que le comité se divisa sur cette question. Lui-même cultivait les arts ; il aimait la musique ; il était de race d'artiste, puisqu'il se rattachait, dit-on, à la famille de Michel-Ange. Il y eut partage dans le comité, et c'est pour cette raison que le *Manifeste* ne fut pas livré à l'impression. Il fut saisi plus tard dans les papiers de Babeuf et compta comme une des pièces du procès. Il se terminait par une sorte d'invocation « à la république des égaux, » qui était à la fois « un grand hospice ouvert à tous les hommes, » perspective médiocrement séduisante, et a une table commune dressée par la nature, » promesse plus agréable à l'imagination.

Cependant, aucune doctrine, quelque mépris qu'elle fasse de l'intelligence, ne peut échapper à la nécessité de donner des preuves et de répondre aux objections. Il y a donc eu quelque effort de démonstration du communisme, soit dans Buonarotti analysant et commentant la doctrine de Babeuf, soit dans Babeuf lui-même répondant à plusieurs contradicteurs.

Buonarotti essaie de démontrer l'injustice de l'inégalité parmi les hommes. D'où aurait pu venir cette inégalité ? Est-ce de la différence dans la nature physique ? Non, car il y a identité d'organes. Viendrait-elle de l'inégalité de forces ? Non, car nul isolément n'est assez fort pour opprimer les autres. De la convention ? Non, car tous ont le même goût pour l'égalité. L'égalité est donc de droit naturel. D'un autre côté, le travail est obligatoire pour tous : car sans travail point de subsistance, et c'est en outre la source de la santé et du plaisir. Mais comment stimuler le travail ? Par l'amour de la gloire, par la reconnaissance publique. Quant à ceux que de tels mobiles ne suffiraient pas à aiguillonner, Buonarotti ne nous dit pas comment on s'y prendrait pour les faire travailler. Si le travail ne vient pas du désir de la propriété, il ne peut être que le résultat de la contrainte. Or, comment cela serait-il possible sans que les hommes fussent enrégimentés et enchaînés ? La caserne et l'hôpital, tel est le type nécessaire d'une société communiste.

De son côté, Babeuf rencontrait un contradicteur qui devait à son tour être compromis plus tard dans la conspiration, mais qui fut acquitté. Ce fut Antonelle, le marquis Antonelle, président du jury révolutionnaire qui avait fait condamner Marie-Antoinette ; il rédigeait alors une feuille populaire. Il avait discuté avec quelque sympathie, mais en faisant des réserves et des objections, la doctrine de Babeuf. Il accordait le principe, mais il reculait devant l'application, faisant remarquer avec quelque bon sens « qu'on venait un peu tard pour désabuser les hommes du droit de propriété. » Babeuf croyait, au contraire, que jamais époque n'avait été plus favorable à cette révolution : car on ne détruit un abus que lorsqu'on est arrivé à le sentir. Il a donc fallu attendre que l'abus fût porté à la dernière extrémité. La révolution a prouvé que les plus anciens abus peuvent être déracinés. Pourquoi pas un de plus ? Le mal, c'est de ne demander qu'une demi-justice, car alors on n'obtient rien. Il faut donc aller jusqu'à la justice entière.

Un autre contradicteur envoyait à Babeuf une lettre d'objections et de critiques, auxquelles celui-ci répondait dans *le Tribun du peuple*. On objectait que le partage des terres avait souvent eu lieu dans l'histoire, mais qu'il n'avait jamais duré. Babeuf n'avait pas de peine à répondre qu'il ne s'agissait plus de partage, mais de communauté : travail commun, jouissance commune ; le travail s'impose à tous pour alléger le sort de chacun. Mais, ajoute-t-on, que fera-t-on des productions de l'esprit ? Porterai-je mon tableau, mon poème, mon invention chimique au magasin ? Babeuf avoue franchement que, si la perte des arts devait être la rançon du bonheur commun, ce ne serait pas déjà un si grand malheur. Mais, au contraire, ajoute-t-il sans dire pourquoi, ils recevront un accroissement sublime. L'intérêt personnel, dira-t-on, est la source du travail. Il répond que le travail, devenant modéré, deviendra par là même une occupation amusante. Nous sommes ici sur la voie du travail attrayant, mais il n'en donnait pas les moyens. Il faudra toujours un gouvernement, ajoute le contradicteur. — Sans doute ; mais il sera très simple, et ayant peu de besoins, il ne sera pas tenté d'abuser. Enfin on objectait l'étendue du territoire. Mais si ce régime est possible sur un petit territoire, pourquoi ne le serait-il pas sur un plus grand ? — Bientôt cependant le moment vint où il ne fut plus question de discuter, mais d'agir : c'est le moment où Babeuf appartient tout à fait à l'histoire.

III

C'est dans la prison du Plessis, avons-nous dit, que Babeuf noua les premiers fils du célèbre complot qui porte son nom. Pendant très longtemps, ce complot avait été mis en doute et avait passé pour une invention du directoire. Mais la publication de Buonarotti, qui en était et qui en a raconté l'histoire, en donnant les pièces les plus curieuses, a levé tous les doutes. La conjuration a existé. Les premiers conjurés furent Buonarotti, Germain, Darthé, Bodson, auquel, nous l'avons vu, on attribue d'avoir exercé une influence considérable sur l'esprit de Babeuf, enfin Potofeux, ami de Robespierre, et qui servit d'intermédiaire entre les babouvistes et les anciens montagnards.

C'étaient les journées de germinal et de prairial qui avaient réuni ces différents personnages dans la prison du Plessis. Sortis de prison, après vendémiaire et après l'amnistie du 4 brumaire, ils restèrent en relation les uns avec les autres. Plusieurs lieux publics leur servaient de points de réunion. Les *Bains chinois*, alors dans toute leur vogue et que nous avons connus encore sur les boulevards, étaient un de ces centres où se réunissaient les principaux conspirateurs. Une chanteuse, Sophie Lapierre, maîtresse de Darthé, venait y chanter une chanson dont le refrain était : « Le soleil luit pour tout le monde. » Leur principal centre était la *société du Panthéon*. Il y avait là deux sociétés : l'une secrète, l'autre publique. Dans celle-ci, on affectait de défendre le gouvernement du directoire, qui, d'abord trompé, la prit presque sous sa protection. Cependant des soupçons s'élevaient ; et un pamphlet, intitulé *le Secret du directoire*, était dirigé contre cette société du Panthéon, que l'on rattachait d'une manière assez bizarre aux templiers, aux francs-maçons, aux révolutionnaires italiens Rienzi et Masaniello, à Cromwell, aux charlatans Cagliostro et Saint-Germain, aux *defenders* de l'Ecosse et aux *white boys* de l'Irlande. Bientôt des affiches insurrectionnelles furent posées sur les murs de Paris et provoquèrent de nombreux attroupements. Le club du Panthéon réclama l'exécution des décrets de ventôse qui devaient assurer aux indigents patriotes les propriétés des riches suspects[12]. Babeuf fut menacé et obligé de se cacher chez les demoiselles Duplay, les anciennes amies et hôtesses de Robespierre, et dont le frère, le charpentier Duplay, fut aussi compromis plus tard dans la conspiration. Babeuf ne resta pas longtemps dans le même asile. Pourchassé partout et plus ou moins bien recherché par la police, il passait de l'un chez l'autre, se cachait dans une cave comme Marat et continuait à publier de loin en loin un numéro du *Tribun du peuple*. Bientôt sa femme est arrêtée, mais, sur de pressantes et nombreuses sollicitations du parti populaire, encore assez en crédit, rendue à la liberté. Son fils Emile, âgé de douze ans, était chargé de lui donner des nouvelles dans des lettres d'une orthographe douteuse et dans une langue digne du père Duchesne. Bientôt le club du Panthéon fut dissous par le général Bonaparte, alors chef de l'armée de Paris.

Jusqu'ici cependant il n'y avait encore eu que de vagues tendances anarchiques se confondant plus ou moins avec les menées du parti révolutionnaire. C'est seulement vers la fin du mois de germinal (an IX) que commence la véritable conspiration. Un directoire secret de salut public, composé d'Antonelle, de Buonarotti, de Darthé, de Bodson, de Simon Duplay, de Sylvain Maréchal, se forma pour préparer le plan de l'entreprise. Antonelle et Bodson reculaient devant la guerre civile. C'est à ce moment que se placent les articles d'Antonelle que mous avons analysés plus haut. Quant à Bodson, ses lettres à Babeuf portent sur le robespierrisme, c'est-à-dire sur le système de la terreur. Babeuf avait commencé par maudire ce système et déclarer qu'il n'était pas à la hauteur ; mais maintenant ses vues étaient changées : c'était lui qui défendait le robespierrisme. Il trouvait que ce gouvernement dictatorial était « diablement bien imaginé. » Ils ont commis des crimes, dira-t-on. « Pas tant ! » Bodson objectait l'exécution d'Hébert et de Chaumette (ce qui prouve bien l'affiliation du babouvisme et de l'hébertisme) : « Mais quand même ils seraient innocents, je justifierais encore Robespierre. Un régénérateur doit voir en grand. » Quant aux vaincus, quels qu'ils soient, « tant pis pour eux ! » En un mot, « le robespierrisme, c'est la démocratie. » Bientôt, dans un des numéros du *Tribun du peuple*, Babeuf allait jusqu'à défendre les massacres de septembre, en prétendant que la présence des commissaires de section avait « légalisé les jugements ». et que les assassins étaient « les prêtres d'une juste immolation. »

Il déclare que « ces exterminations étaient légitimes, » que c'était « une tragédie utile et indispensable, » et que s'il y a quelque chose à regretter, c'est qu' « un 2 septembre plus général n'ait pas fait disparaître tous les affameurs [13]. » Ainsi, à mesure qu'il approchait de son but, Babeuf répudiait de plus en plus ces idées de modération et d'humanité qu'il avait manifestées d'abord. Il sentait qu'il ne pouvait réussir sans violence, et il se justifiait lui-même d'avance des moyens qu'il serait forcé d'employer.

Nous n'entrerons pas dans le détail des faits qui signalèrent la formation, le progrès et les développements de la conspiration de Babeuf. On les trouvera dans les écrits relatifs à cette affaire, dans Buonarotti et dans M. Edouard Fleury. Considérons seulement le but que l'on se proposait et les moyens qu'on comptait employer,

Buonarotti nous dit que la plupart des pièces ont été détruites. Il ne reste que celles qui avaient été saisies au domicile de Babeuf et qui figurent au procès, plus quelques autres que Buonarotti avait conservées et qu'il a données dans son ouvrage (tome II, Appendice). Deux pièces surtout sont importantes : l'*Acte d'insurrection* qui indique les mesures transitoires qui devaient être prises immédiatement au moment du succès, et le *Décret économique*, qui devait fonder l'organisation sociale de la république des égaux.

Parmi les mesures transitoires, les plus importantes étaient celles-ci : Des vivres de toute espèce devaient être portés au peuple sur les places publiques (art. 14). — Les boulangers devaient être réquisitionnés pour faire continuellement du pain, que l'on distribuerait gratuitement au peuple et qui serait ensuite payé par le gouvernement sur déclaration (art. 15). — Les biens des émigrés et des conspirateurs seraient distribués aux défenseurs de la patrie, et les malheureux seraient logés et meublés aux frais des conspirateurs (art. 17).

Buonarotti est un peu embarrassé de justifier ce dernier article, car transporter les biens des uns entre les mains des autres, c'est changer les propriétaires, ce n'est pas abolir la propriété. Il semble donc que cette mesure fût contraire au régime de communauté que l'on voulait établir. Aussi n'était-ce là qu'une mesure transitoire ; « le grand point était de réussir. » Il ne fallait pas « décourager les vrais amis. » C'est pourquoi on leur donnait les biens d'autrui. Il ne fallait pas indisposer ceux qui, ennemis de l'aristocratie, ne voulaient pas de l'égalité des biens. C'était pour ceux-ci, c'était pour ménager les montagnards rebelles au communisme, qu'on n'établissait pas d'abord la communauté. Mais ce que ne promettait pas l'acte insurrectionnel, le décret économique qui devait être porté après la victoire se chargeait de l'organiser. En voici les principaux points. On établissait en effet « une grande communauté nationale, » composée des biens nationaux non vendus, des biens des ennemis de la révolution promis aux malheureux par les décrets de ventôse, des biens échus ou à échoir par condamnations judiciaires, des édifices publics, des biens des hôpitaux, des logements occupés par les pauvres en vertu des articles transitoires, enfin des biens *usurpés* et des biens *négligés*.

On comprend que ces deux qualifications pouvaient aller loin. On abolissait l'héritage et le droit de tester. Tous les biens non compris dans l'énumération précédente devaient donc ultérieurement revenir à l'état par droit de succession. Enfin, on invitait les autres citoyens à abandonner leurs biens. L'oisiveté, l'incivisme et le luxe étaient punis par les travaux forcés, et les biens de ceux qui étaient ainsi condamnés étaient acquis à l'état. On voit que, par tous ces procédés, toutes les propriétés particulières devaient bien vite être absorbées par l'état tout entier. Un autre ordre de mesures contribuait encore au même résultat. Les citoyens étaient divisés en deux classes : les membres de la communauté et les non-participants à la communauté. Les premiers étaient ceux qui avaient donné leurs biens à la république, les vieillards et les infirmes, les jeunes gens élevés dans les maisons d'éducation nationale, enfin ceux qui consacrent leur travail à la communauté. Les non-participants étaient ceux qui conservaient des propriétés particulières. Or, tandis que les uns étaient entretenus « dans une honnête et égale médiocrité » et recevaient tout ce dont ils avaient besoin, tandis qu'on leur assurait le logement, l'habillement, le chauffage et l'éclairage, la nourriture et les secours médicaux, les autres, les non-participants, étaient seuls contribuables ; la cote des impôts était doublée, et l'impôt devenait progressif. Ils étaient tenus de verser dans les magasins publics leur superflu. De plus, les dettes étaient abolies, et le commerce avec l'étranger interdit. La dette nationale était éteinte pour les Français, de sorte que les rentiers étaient d'un seul coup dépossédés. Cet ensemble de mesures devait amener forcément les non-participants à devenir membres de la communauté, car autrement on leur prenait leurs biens sans compensation. La communauté une fois formée, tout se passerait ensuite comme dans toutes les utopies communistes : magasins communs, banquets communs, travaux communs, distributions communes, tout ce que nous avons vu dans Morelly, tout ce qu'avait rêvé Thomas Morus, tout ce qui existe en réalité dans un couvent et dans les casernes. La division du travail se faisait nécessairement par voie d'autorité, chaque magistrat fixant dans les écoles mêmes le nombre d'élèves proportionné aux besoins. Les travaux devenaient des fonctions dont les lois prescrivaient les règles. Buonarotti, commentant ces beaux projets, nous dit que,

Paul Janet

pour alléger la fatigue, on comptait sur les inventions utiles, que les occupations trop incommodes seraient réparties sur tous ; que les métiers seraient divisés en faciles et difficiles, et que chaque citoyen en exercerait de deux sortes. Les grandes, villes seraient supprimées ; les vêtements seraient simples et propres, différents seulement suivant les âges et les professions. Il y avait cependant encore un certain nombre d'occupations qu'on ne savait comment réglementer et sur lesquelles Buonarotti est aussi vague que confus [14].

Le complot était maintenant entièrement organisé. Un directoire secret était formé. Au-dessous de lui étaient douze agents chargés chacun d'un des arrondissements de Paris. Ces agents ne connaissaient pas les membres du directoire ; ils ne communiquaient avec lui que par quelques conjurés choisis. Cette communication était incessante : on a conservé une partie de cette correspondance. On organisait des réunions ; on embauchait des conjurés ; on pénétrait dans les ateliers, et surtout on travaillait l'armée. C'est par là que les tentatives les plus actives commencèrent. Le gouvernement, pour dérober les troupes à l'action de la contagion qu'il craignait, avait formé des camps hors de Paris : on ne fit par-là que faciliter la tâche de la conspiration. L'un de ces camps, le camp de Grenelle, devint le centre d'un vaste embauchage. Les conjurés recommandaient aux agents militaires le plan suivant : « Saper à force les généraux et leurs états-majors en ménageant les officiers subalternes. — Provoquer la désorganisation ou tout au moins l'indiscipline. — Promettre le pillage des riches et des congés absolus [15]. — Établir des bals, des guinguettes, où on attirera les soldats en les faisant boire. » Ces provocations eurent leur effet. Le mécontentement et l'indiscipline se glissèrent parmi les troupes. En effet, dans le calcul des forces dont Babeuf croyait pouvoir disposer, on comptait 1,000 canonniers bourgeois, 500 officiers destitués, 1,500 grenadiers du corps législatif, 6,000 hommes de la légion de police, 500 militaires détenus et 1,000 invalides.

Une des difficultés que rencontrèrent les conspirateurs fut la négociation avec les anciens montagnards que l'on voulait associer à l'entreprise. Babeuf consentait à accepter la constitution de 93, malgré ses deux vices principaux, à savoir la reconnaissance du droit de propriété et la prépondérance excessive du pouvoir législatif. Mais il faisait ses conditions. Il demandait que la convention se composât exclusivement de proscrits de thermidor, plus un démocrate par département, choisi par le directoire secret ; il demandait qu'on exécutât sans restriction les dispositions de l'acte insurrectionnel, enfin qu'on se soumît au décret rendu par le peuple de Paris après la victoire. Les montagnards refusèrent d'abord, puis ils finirent par consentir [16]. On convint que les cinq directeurs et les conseils seraient mis à mort. Le comité révolutionnaire devait demander au peuple de lui conférer le pouvoir exécutif et l'initiative des lois. Tout était prêt lorsque la dénonciation de Grisel fit tout échouer.

Grisel était un capitaine de la 32e demi-brigade qui s'était laissé affilier au complot pour le découvrir et le dénoncer. Cet homme paraît avoir joué le rôle d'espion et de traître par conscience et par amour du bien public. Comme il arrive d'ordinaire, ce fut pour avoir été involontairement entraîné par une demi-confidence dans une conspiration dont il ne partageait pas les principes qu'il se décida à la trahison. Il était, en effet, placé dans une cruelle alternative : ou d'aller jusqu'au bout et d'être complice malgré lui, ou de passer pour traître s'il voulait se retirer ; le danger n'était pas beaucoup plus grand pour lui en acceptant hardiment le rôle de dénonciateur. Il s'y décida en croyant, disait-il, « servir la république d'une manière glorieuse ; » Et, en effet, il est incontestable qu'il la servit. C'est un de ces cas de conscience où la morale ne sait que dire et où le devoir est violé, de quelque façon qu'on s'y prenne. Quoi qu'il en soit, Grisel se laissa conduire dans l'endroit qui était le centre de réunion des conspirateurs. C'étaient les *Bains chinois*, que l'on appelait alors « le Temple de la raison. » Là il fut mis en relation avec l'un des principaux conjurés, Darthé, qui fat plus tard condamné à mort et exécuté avec Babeuf. Grisel, dès lors décidé à aller jusqu'au bout de l'entreprise pour la faire échouer, se confia au commandant de son bataillon, qui lui donna le conseil de ne pas hésiter et de n'écouter que l'intérêt public. Grisel ne se contenta pas du rôle de délateur ; il fit les choses plus grandement et devint agent provocateur. On lui attribue un pamphlet violent destiné à l'armée sous ce titre : *Lettre de Franc-Libre, soldat de l'armée parisienne, à La Terreur, soldat de l'armée du Rhin* [17]. Cette lettre fut reçue avec enthousiasme par les habitués des Bains chinois.

Paul Janet

Mais jusque-là Grisel n'avait vu encore que les dehors de la conspiration. Il fut bientôt initié aux derniers secrets. Il est conduit le soir, avec force mystère, dans une maison de la rue de la Grande-Truanderie, où il se trouve en présence de cinq personnes qui composaient le comité insurrectionnel, le directoire secret destiné bientôt à remplacer le gouvernement du même nom. C'étaient Darthé, Babeuf, Buonarotti, Germain et Didier. Grisel les embrassa : « Je donnai, dit-il dans sa déposition, un baiser à Darthé, non pas le baiser de Judas à Jésus, mais celui de Judith à Holopherne. » Il proposa d'abord une pétition aux cinq-cents pour demander le soulagement des misères du peuple : « Il s'agit bien de prendre l'attitude de suppliants, s'écria Babeuf, quand on a les armes à la main. » Bientôt un nouvel adepte se présentait : c'était Rossignol, l'ancien général de la Vendée. Celui-ci s'opposait à la loi agraire, qu'il croyait reconnaître dans les plans des conspirateurs. Babeuf protesta contre cette imputation de loi agraire, puis il fit lecture de deux actes insurrectionnels, le premier qui a été conservé, et le second que nous n'avons plus. Celui-ci, selon Grisel, ordonnait le pillage et le massacre général des nobles et des riches. Grisel n'eut pas le courage de s'associer, même en apparence, à de tels crimes, et il essaya encore de décourager les conjurés en leur montrant leur impuissance. Mais, s'apercevant qu'il excitait leur défiance, il s'efforça de se réhabiliter en luttant ensuite de férocité avec les autres. Il proposa de mettre le feu à tous les châteaux des environs de Paris, afin que, pendant cette diversion, il put tomber sur les conseils et sur le directoire. Sa proposition fut repoussée. Le moment décisif était venu.

Grisel demanda une entrevue à Carnot et lui fit le récit de ce qu'il avait vu et entendu, récit qu'il renouvela le lendemain devant tout le directoire. Une fois maître du secret, le gouvernement laissa encore pendant quelque temps marcher l'affaire, qui fut retardée par les difficultés soulevées par les montagnards. Amar, Vadier, Vouland et quelques autres ne consentaient pas à entendre parler de « bonheur commun. » On essaya de se tromper mutuellement. Une réunion dernière eut lieu chez Drouet, l'ancien maître de poste qui avait arrêté Louis XVI à Varennes et qui était alors membre du conseil des cinq-cents. Babeuf fit là un discours déclamatoire et vide. Il montra que depuis 1789 plusieurs révolutions s'étaient succédé, qu'il s'agissait d'en faire une qui serait la dernière de toutes et qui atteindrait « le maximum de la vertu, de la justice et du bonheur, l'apogée du bien. » Des discours il fallut passer aux faits. Le plan proposé, d'après une des pièces saisies, était de « *tuer les cinq*[18], les ministres, le général de l'intérieur et son état-major, de s'emparer de la salle des anciens et des cinq-cents, de saisir les télégraphes, de se rendre maîtres de la rivière, etc. ; » en un mot, on avait préparé tous les moyens déjà bien connus alors de faire réussir une insurrection. Une autre pièce déclarait qu'il fallait « colérer le peuple » et mettre à mort quelques chefs. « Il est essentiel et capital que quelques actes semblables aient lieu. » Si une résistance se déclarait quelque part, il faut « que les flammes vengent à l'instant la liberté et la souveraineté du peuple. » Programme anticipé d'une insurrection future qui devait en effet, suivant le plan indiqué, commencer par l'assassinat pour finir par l'incendie. Il est certain que quelques-uns des conjurés, Rossignol entre autres, étaient des plus féroces [19]. Enfin, tout étant préparé, aussi bien du côté des conspirateurs que du côté du gouvernement qui les faisait surveiller, celui-ci donna l'ordre de s'assurer des conjurés et de leurs papiers. Le 20 floréal an IV, Babeuf et tous les chefs de la conspiration, ainsi que les adhérents, furent arrêtés. Mais on ne put saisir toutes les pièces : un grand nombre d'entre elles furent détruites ; plusieurs restèrent entre les mains de quelques fidèles et furent publiées plus tard par Buonarotti. Babeuf, une fois en prison, fut assez fou pour écrire aux directeurs une lettre où il leur proposait de traiter de puissance à puissance, leur offrant son pardon s'ils voulaient s'entendre avec lui. Cette lettre fut insérée au *Moniteur*. Une haute cour de justice se réunit à Vendôme, et cet immense procès commença [20].

Les accusés, au nombre de soixante-cinq, dont dix-huit contumaces, adoptèrent pour système de défense de nier la réalité du complot. Leur défense fut généralement pitoyable. Babeuf en particulier se montra tel qu'il était, c'est-à-dire le plus médiocre des hommes. Pas un mot, pas un éclair dans les discours qu'il prononça en cette circonstance. Incohérence, grossièreté de ton, stérilité absolue d'idées, platitude de langage, tels sont les caractères de ses discours. Seul, Buonarotti fit preuve d'adresse et de talent dans sa défense. Il essaya d'atténuer le côté odieux et redoutable du complot. Il se plaignit que l'on confondît « le système platonique de la communauté des biens avec le pillage. » C'est une extravagance de croire que les conjurés eussent dans l'esprit la pensée de réaliser un tel système du jour au lendemain. Ce n'étaient que des désirs et des vœux. Bien loin de pousser au pillage, le prétendu acte insurrectionnel mettait « les propriétés publiques et privées sous la sauvegarde du peuple (art. 19). » Si l'on parle des vivres, des armes, des habillements à distribuer au peuple, ce devait être « aux frais de la république, non des particuliers. » Quant aux biens qu'on promettait aux patriotes indigents, c'étaient les biens des émigrés et des conspirateurs déjà condamnés. Buonarotti désavouait et répudiait absolument ce qu'il appelait « la production incompréhensible d'un esprit extravagant, » à savoir *le Manifeste des égaux*. Ce n'était, suivant lui, qu'un projet d'article qui était communiqué à Babeuf pour son journal. Cette phrase ridicule du *Manifeste* : « Disparaissez, distinctions ridicules de gouvernants et de gouvernés, » est démentie par l'*Acte insurrectionnel*, qui établissait un gouvernement. A propos des pièces inculpées, il dit qu'à côté de quelques « phrases sévères » (*tuer les cinq*) on en trouve d'autres « qui ne respirent que la plus tendre sensibilité, » par exemple : « Ne souffrez pas qu'il y ait un pauvre et un malheureux dans l'état. » Il soutenait qu'il n'y avait eu qu'une vague idée de rétablir la constitution de 1793, sans aucun commencement d'exécution et même sans aucun moyen d'exécution ; que d'ailleurs cette constitution avait été votée par le peuple en toute liberté, avant le régime de la terreur. Était-il donc coupable de vouloir la rétablir ? Enfin, comme conclusion, il terminait en disant : « Il n'y a pas eu de conspiration ; » il demandait aux juges de descendre dans leurs cœurs et d'écouter la voix qui leur crierait : « Ces hommes n'ont rêvé qu'au bonheur de leurs semblables. » La haute cour ne fut pas de cet avis. Babeuf et Darthé furent condamnés à mort ; Buonarotti, Germain et cinq autres furent condamnés à la déportation. Le reste fut acquitté.

L'auteur bien informé de la *Vie de Babeuf*, M. Ed. Fleury, a eu l'idée ingénieuse de terminer son livre, comme les auteurs de romans, en nous apprenant ce que sont devenus les principaux personnages qui avaient été mêlés à cette tragique histoire. L'un d'entre eux, Potofeux, acquitté par la haute cour, se retira à Laon, où il termina sa vie assez longue, comme avocat, « trouvant des clients, dit un biographe, jusque dans les familles qu'il avait autrefois proscrites. » Germain, l'un des membres du directoire secret, vécut jusqu'en 1835, en cultivant ses champs, sans souci de la loi agraire. Drouet, le maître de poste, condamné à mort comme contumace, devint sous l'empire sous-préfet et chevalier de la Légion d'honneur. Antonelle, le juré qui avait fait condamner Marie-Antoinette, reparut en 1815, marquis et royaliste. Grisel, le dénonciateur, qui avait continué à servir dans l'armée française sans faire grande fortune, fut tué en duel en Espagne par Emile Babeuf, le fils de la victime. Quant aux fils de Babeuf, ils eurent eux-mêmes une assez triste destinée, dont la fin ne fut pas sans honneur au moins pour deux d'entre eux. Le plus jeune, Caïus-Gracchus, fut tué en 1814, lors de l'invasion, par une balle ennemie. Le second, en 1815, lors de la seconde entrée des Prussiens à Paris, se précipita du haut de la colonne Vendôme. L'aîné, Emile, celui qui tua Grisel, se fit homme de lettres, puis libraire, puis il fit faillite et alla mourir inconnu en Amérique. Le plus célèbre et le seul distingué parmi les conspirateurs, Buonarotti, après avoir longtemps vécu en Suisse et en Belgique, revint en France en 1830 : « C'était, dit M. Ed. Fleury, un petit vieillard presque aveugle, dont les cheveux et la barbe blanche encadraient durement les traits hautains, un masque sévère, un grand front qui portait l'empreinte d'une volonté de fer. » Buonarotti vécut jusqu'en 1837. Il a vu la naissance du nouveau socialisme ; il a pu être en rapport avec les jeunes révolutionnaires, et il a servi de lien entre le communisme babouviste et le communisme contemporain. Par lui, le complot de Babeuf a cessé d'être un épisode fortuit et sans conséquence. Il en a raconté l'histoire ; il en a fait l'apologie ; il en a conservé et transmis la tradition. La plupart des anarchistes contemporains ne sont que les disciples du babouvisme, et le nihilisme lui-même, malgré ses prétentions à l'originalité, n'en est qu'un rameau détaché.

Notes

1.   Voyez la Revue du 15 juillet.

2.   Nous avons déjà cité dans notre précédente étude la

Paul Janet

réfutation de cette opinion dans le mémoire de M. Fustel de Conlanges (Comptes-rendus de l'Académie des sciences morales et politiques.)

3.	Poème en prose, 1753. — Un autre écrivain du XVIIIe siècle, Pechméja, dans un poème analogue imité de Télémaque, le Télèphe (1784), combattit également la propriété et l'héritage. La Biographie universelle (art. Morelly) se trompe en considérant la Basiliade comme une imitation du Télèphe, qui a paru quarante ans plus tard.

4.	Les principales sources pour l'étude de cette question sont les Pièces publiées par le directoire et le Procès lui-même (an IV et an V), — le récit de la Conspiration de Babeuf par Buonarotti (1828), et plus récemment Babeuf et le Socialisme en 1796, par Edouard Fleury. Le livre de Buonarotti est particulièrement intéressant par les pièces inédites et les détails circonstanciés. Il avait tout su directement, ayant été lui-même un des chers du complot. L'article de la Biographie universelle est très incomplet. Il n'y est même pas fait mention des idées communistes de Babeuf.

5.	Il avait substitué un nom à un autre dans un acte qui relevait de ses fonctions. (Ed. Fleury, p. 17.) Était-ce légèreté ou improbité ? On ne peut le savoir.

6.	Voilà la troisième fois que Babeuf est poursuivi sans aucune conséquence fâcheuse pour lui. Il devait avoir, sans doute, des accointances secrètes dans le parti dominant. On sait par exemple qu'il était lié avec Fouché ; peut-être est-ce là le secret de son impunité.

7.	Cabet prétend même que le mot de terrorisme est de l'invention de Babeuf.

8.	Il avait publié après thermidor un écrit Intitulé : Système de dépopulation ou la Vie et les Crimes de Carrier. M. Ed. Fleury cite encore quelques autres pamphlets de Babeuf contre les Jacobins : les Jacobins jeannots. — Voyage des Jacobins dans les quatre parties du monde.

9.	C'est le n° 23 du journal qui inaugure cette transformation.

10.	Les numéros du journal paraissaient assez irrégulièrement, surtout depuis cette époque. Le premier numéro est du 17 fructidor (an II, 93) ; le dernier (n° 43) est du 5 floréal an IV (95), quinze jours avant l'arrestation de Babeuf. — Babeuf se brouilla avec Fouché à cause du n° 34. Il prétend dans le numéro suivant que Fouché l'a fait tâter pour lui offrir 6,000 abonnements de la part du directoire, moyennant suppression de certains passages.

11.   Cette expression, que nous avons déjà remarquée dans Brissot (voir l'étude précédente), et que Proudhon a depuis rendue célèbre, est plusieurs fois reproduite par Babeuf : « Ce qu'un membre a au-dessus de sa suffisance est le résultat d'un vol. »

12.   Voir l'étude précédente.

13.   C'est ainsi que G. Naudé, dans ses Coups d'état, nous dit que, si la Saint-Barthélémy n'a pas réussi à extirper l'hérésie, c'est « qu'on n'a pas tiré assez de sang. »

14.   C'étaient par exemple : « les exercices du corps ; la culture de l'esprit ; l'éducation de la jeunesse ; l'instruction en général ; le maniement des armes ; les évolutions militaires ; le culte public ; l'apothéose des grands hommes ; les jeux publics et fêtes ; le perfectionnement des arts utiles ; l'étude des lois ; l'administration et les délibérations du peuple. »

15.   Babeuf ajoutait à propos des congés promis : « On saura éluder l'accomplissement des promesses selon les circonstances. »

16.   C'est donc à tort que Baudot dit, dans ses Mémoires, que les montagnards se tinrent tout à fait en dehors du complot de Babeuf.

17.   M. Ed. Fleury (Vie de Babeuf, p. 169) attribue cette lettre à Grisel. Cependant, dans le procès, elle est citée par l'accusation comme une des pièces incriminées, et mise à la charge des prévenus. On ne voit pas qu'ils on aient rejeté la responsabilité sur leur dénonciateur.

18.   On discuta beaucoup dans le procès sur ce mots : tuer les cinq, qui, à ce qu'il parait, étaient mal écrits et peu lisibles.

19.   Faut-il croire Grisel, lorsqu'il déclare avoir entendu ces propres paroles de la bouche de Rossignol : « Je ne me mêle pas de votre insurrection si les têtes ne tombent comme la grêle, si les tripes, les boyaux ne jonchent pas le pavé ? »

20.   Les pièces saisies et les débats du procès composent six volumes in-8° (an IV et V).

Paul Janet   ISBN : 978-1542450935